영산율원 여산철우 대율사 스님이 모시고 있던 극락장엄 탕카

무량한 빛과

영원한 생명의 삶을 위한

극락정토 발원문

라가 아샤 지음

석 혜 능 옮김

부다가야

청정한 이 극락정토 발원문을

탐착 없이 발원하고,

손으로도 열심히 쓰십시오.

많은 이들에게 유익할 것입니다.

필요로 하는 이에게는 빌려주십시오.

이보다 더 큰 공덕은 없습니다.

이보다 더 심오한 구결은 없습니다.

이것이 모든 법의 근본입니다.

포기하지 말고 정진하십시오.

이것은 현교 전통이므로 구전口傳을 받지 않아도

독송할 수 있는 발원문입니다.

차 례

1. 극락서원 과단 _8

2. 정토예찬발원 전행 _11

3. 극락정토 발원문 티베트어 _24

4. 극락정토 발원문 한글 _25

5. 무량수여래 근본다라니 _121

6. 발 일체업장근본득생정토다라니 _123

7. 광명진언 _124

8. 무량수경우바제사원생게 – 세친보살 _125

역자 후기 _134

극락서원 과단

A1. 극락에 태어나는 네 가지 원인을 바라다	
B1. 제1원인 – 정토 장엄에 몇 번이고 마음을 쓰기[의지처의 福田觀想]	[1~8]
B2. 제2원인 – 선근을 헤아릴 수 없는 문에서 쌓는다[資糧積集 · 罪障淨化]	
C1. 예배[교만한 마음의 치료]	
D1. 동기의 특성	[9]
D2. 명호의 별명을 생각하며 예배한다	
E1. 법신이신 無量光	[10]
E2. 일체지이신 아미타	[11]
E3. 인도자이신 아미타	[12~13]
E4. 승리자(보호주)이신 무량수	[14]
D3. 명호를 듣는 효능을 생각하며 예배한다	
E1. 명호를 듣고 합장하는 효능	[15]
E2. 菩提不退轉	[16]
E3. 다른 세 가지 효능을 얻는다	[17]
C2. 공양을 올린다[간탐 · 애착의 치료]	
E1. 소유물의 공양	[18]
E2. 마음으로 화현한 길상물	[19]
E3. 원래부터 이루어진 것	[20]
C3. 죄악참회[暗愚의 치료]	
E1. 치유의 힘, 죄악의 종류를 말하며 참회하는 동기와 시기의 특성, 종류를 말하는 자체	
F1. 알고 있는 죄악	[21]

G1. 본래적인 죄악	
H1. 十不善을 모두 참회	
I1. 세 가지 身業	[22-24]
I2. 네 가지 口業	[25-28]
I3. 세 가지 意業	[29-31]
H2. 중죄를 개별로 참회한다	
I1. 오무간업[五逆]	[32]
I2. 준오무간업	[33]
I3. 법을 끊는 것(謗法)	[34]
I4. 보살을 업신여기는 죄	[35]
I5. 邪見	[36]
G2. 制定罪惡	
H1. 別解脫의 學處[聲聞戒]	[37]
H2. 보살의 學處[菩薩戒]	[38]
H3. 비밀진언의 學處[金剛乘戒]	[39]
F2. 알지 못했던 본래적 罪惡	[40-41]
E2. 뉘우치는 힘	[42]
E3. 회복하는 힘	[43]
E4. 의지하는 힘	[44]
C4. 隨喜[질투의 치료]	
F1. 수희의 효능을 생각한다	[45]
F2. 수희하는 자체	
G1. 범부 · 성자의 일반적인 善에 대한 隨喜	[46]
G2. 대승의 善에 대한 隨喜	[47]
G3. 공통적인 十善에 대한 隨喜	[48-57]
C5. 轉法輪勸請[斷法의 치료]	[58]
C6. 반열반에 들지 않으시기를 勸請[邪見의 치료]	[59]

B3. 제3 원인－無上菩提에 善을 회향하는 것을 동시에 나타낸다 [의심의 치료:회향]	
C1. 궁극적인 菩提를 원한다	[60]
C2. 일시적인 보리행을 원한다	[61-63]
B4. 제4원인－이상의 세 가지 원인에서 제선근을 극락에 왕생하는 원인으로 회향 · 서원함	
C1. 금생에 아미타불께 예경하는 것에 관한 서원	[64-67]
C2. 死後에 轉生하여 극락왕생하는 것에 관한 서원	
D1. 삼계 윤회에의 애착을 끊는다	[68-77]
D2. 극락에서의 삶에 관한 서원	[78-91]
C3. 정토 장엄에 관한 서원	
D1. 일반적인 淨土의 공덕에 마음 쓰는 서원[청정한 환경]	[92]
D2. 地面의 공덕에 마음 쓰는 서원[지면의 공덕]	[93]
D3. 수목의 공덕에 마음 쓰는 서원[수목의 공덕]	[94]
D4. 물과 연꽃의 공덕에 마음 쓰는 서원[물과 연꽃의 공덕]	[95]
D5. 생명의 공덕에 마음 쓰는 서원[생명의 공덕]	[96-97]
D6. 의지하는 곳인 무량궁의 해설	[98-100]
D7. 주요한 공덕에 마음 쓰는 서원[주요한 공덕]	[101-107]
A2. 명호를 護持하는 加持가 금생에 일어나는 기원	[108-109]
A3. 서원 성취에 더하는 진실어 · 다라니 · 진언을 함께 외운다	
B1. 진실어를 외운다	[110]
B2. 진언 · 다라니	
C1. 서원 성취의 다라니	[111]
C2. 예배 배증 진언 －진언에 의한 가지	[112]

정토예찬발원 전행

【예 경】

나모禮敬 바가봐떼世尊

샤끼야무나예釋迦牟尼 따타가따야如來

아르하떼應供 쌈먁쌈붓다야正遍知覺.

정삼업진언

위없는 진리의 의왕께 예경하옵니다.

구원하기 어려운 이 능히 구원하시는

크게 자비하신 님이시여.
저희 이제 목숨 다해 귀의하옵고
공경히 청하옵나니,
원컨대 속히 이 도량에 강림하소서.

"옴 사바바바 수다살바 달마 사바바바
수도함."(3번)

보례진언

"옴 사르바 따타가따 파다 반다남
카로미."(3번)

귀의 · 발보리심

"스승님과 부처님과 부처님의 정법과 승가에 대보리를 얻을 때까지 귀명정례하오며, 자타의 이익을 위해 원만보리를 이루고자 보리심을 일으키고 정토발원문을 송출하고자 하나이다."

불부삼매야佛部三昧耶 **진언** [=佛寶]

옴 따타가또 드바바야 쓰와하.

연화부삼매야蓮華部三昧耶 **진언** [=法寶]

옴 빠드모 드바바야 쓰와하.

금강부삼매야金剛部三昧耶 **진언** [=僧寶]

옴 바즈로 드바바야 쓰와하.

발보리심계

허공처럼 헤아릴 수 없는 일체중생과 함께 양족존兩足尊이신 부처님께 귀의하옵고, 이욕존離欲尊이신 부처님 가르침에 귀의하오며, 중중존衆中尊이신 청정하고 성스러운 승가에 귀의하나이다. 수승한 삼보님께 귀의하오며, 일체 죄업을 참회하나이다. 유정들의 모든 선업을 따라 기뻐하오며, 지극한 마음으로 부처님의 완전한 깨달음을 수지하나이다. 정등각 이루신 부처님과 미묘한 다르마와 성스러운 승가에 완전한 깨달음에 이를 때까지 귀의하옵고, 자타가 모두 이익을 성취하도록 하기 위해, 제가 보리심을 일으키나이다. 가장 수승한 보리심을 일으키고, 일체 유정들을 저의 소중한 귀빈으로 맞이하나이다. 환희로운 마음으로 가장 수승한 보살행을 실천하오니, 모든 유정을 이롭게 하기 위해 제가 정등각을 이루어지이다.

발보리심發菩提心 진언

옴 보디칫땀 우뜨 빠다야미.

사무량심

일체중생이 행복과 행복의 원인을 가지게 하소서.[慈]

일체중생이 고통과 고통의 원인에서 벗어나게 하소서.[悲]

일체중생이 고통이 없어진 행복을 누리게 하소서.[喜]

일체중생이 친소와 탐욕과 성냄에서 벗어난 평등한 마음에 머물게 하소서.[捨]

삼매야계三昧耶戒 진언

옴 삼마야 사뜨 밤.

일곱 가지 공양(七支供養)

① 예경

찬란히 빛나고, 모든 것을 채우며, 원만한 상호로 장엄된 그 모습을 뵙는 것만으로도 해탈을 얻을 수 있는 통돌의 몸[=신체], 듣기 좋은 60가지의 훌륭한 소리와 불멸의 말씀[=언어], 깊고 광대한 지혜와 자비[=의식], 이 위대한 삼밀三密로 장엄하신 분[輪]께 예경하나이다.

② 공양

온 법계에 주인이 있는 것과, 주인 없는 것[=자연 등]의 공양물을 실제의 공양[事供]과 마음의 공양[理供], 그리고 저의 몸과 재물과 삼세에 쌓고 모은 일체 모든 선업을 훌륭한 보현의 구름바다처럼 관하여 공양하나이다.

③ 참회

무명에 덮이고 암흑에 오염되어서 서약을 깨뜨린 죄와 일반적인 죄, 전도되고 미혹하여 지은 모든 허물을 깊은 후회와 서원으로 무소연無所緣;空性의 그대로 참회하나이다.

④ 수희

길상스러운 스승님의 삶과 삼승三乘의 범

부와 성자들과, 자신과 다른 이들이 삼세에 쌓고 모은 모든 선업善業을 마음 깊은 곳에서 사랑한 진심으로 따라 기뻐하나이다.

⑤ 권청설법

온갖 교화 대상[所化=弟子]의 흥미에 따라 정법을 연주하는 천인天人의 음악이여, 깊은 적정의 소리로, 모든 중생을 번뇌장과 소지장의 잠에서 깨어나게 하소서.

⑥ 권청주세

끝없는 윤회와 소극적인 적정寂靜마저도 다 벗어난 완전한 깨달음에 도달할 때까지, 모든 중생에게 안락의 휴식을 줄 때까지, 두 발은 「지혜 · 공성」과 「방편 · 대락」의 「에왐(aewam)」인 불괴의 결가부좌로 파괴되지 않는 금강의 옥좌에 영원히 머무소서.

⑦ 회향

지복을 가져 오는 선업을 지은 것과, 이제부터 하려고 하는 모든 것에 대해 성스러운 스승님과 헤어지는 일 없이 항상 따라 함께 하고, 가장 수승한 보현보살의 행과 서원을 잘 성취하며 모든 중생을 위해 궁극의 보리를 얻는 것에 회향하나이다.

만달라 공양

온 대지에 향기가 가득하고, 아름다운 꽃들이 흩뿌려져 있으며, 수미산과 사대주, 해와 달로 장엄한 이곳을 불국토로 관상하여 공양 올리오니, 일체중생들이 청정한 국토를 향수하게 하소서. 저의 신구의와 재물, 삼세에 쌓은 선업의 보배로운 만달라를 미묘하고 훌륭한 보현의 공양처럼 마음으로 관상하여, 스승님과 본존과 삼

보님께 올리나이다. 이 공양을 자비의 위신력으로 받으신 뒤에 저를 가지加持해 주소서.

"이담 구루 라뜨나 만달라깜 니리야따 야미."

(이 장엄한 만달라를 고귀한 지혜의 스승님께 공양하나이다.)

자수刺繡로 조성한 무량광(아미타) 부처님 탕카(티베트 포탈라궁 소장)

༄༅། །རྣམ་དག་བདེ་ཆེན་ཞིང་གི་སྨོན་ལམ།

남닥데첸싱기묀람

ཨེ་མ་ཧོ།

에마호

འདི་ནས་ཉི་མ་ནུབ་ཀྱི་ཕྱོགས་རོལ་ན། །

디네 니마 눕기 촉롤나

གྲངས་མེད་འཇིག་རྟེན་མང་པོའི་ཕ་རོལ་ན།

당메 직뗀 망뾔 파롤나

།ཅུང་ཟད་སྟེང་དུ་འཕགས་པའི་ཡུལ་ས་ན། །

쭝세 땡두 팍빼 율싸나

རྣམ་པར་དག་པའི་ཞིང་ཁམས་བདེ་བ་ཅན། །

남빠ㄹ 닥빼 싱캄 데와쩬

།བདག་གི་ཆུ་བུར་མིག་གིས་མ་མཐོང་ཡང་།

닥기 추부ㄹ 믹기 마통양

극락정토 발원문

A1. 극락에 왕생하는 네 가지 원인을 원한다 B1. 제1원인 - 정토장엄에 몇 번이고 마음을 쓴다.

[1]

에마호!

[2]

여기서 해가 저무는 쪽으로

무수한 세간을 지나가면

약간 높은 곳 성스러운 땅에

청정한 국토 평안한 곳

극락 정토가 있나이다.

[3]

저의 육안肉眼으로는 보이지 않아도,

།རང་སེམས་གསལ་བའི་ཡིད་ལ་ལམ་མེར་གསལ།།

랑쌤 쌜외 일라 람메르쌜

།དེ་ན་བཅོམ་ལྡན་རྒྱལ་བ་འོད་དཔག་མེད།།

데나 쫌덴 갤와 외빡메

པདྨ་རཱ་གའི་མདོག་ཅན་གཟི་བརྗིད་འབར།།

뻬마 라개 독쩬 시지바르

།དབུ་ལ་གཙུག་ཏོར་ཞབས་ལ་འཁོར་ལོ་སོགས།།

울라 쭉또르 샵라 콜로쏙

མཚན་བཟང་སོ་གཉིས་དཔེ་བྱད་བརྒྱད་ཅུས་སྤྲས།།

첸상 쏘니 뻬제 계쭤떼

།ཞལ་གཅིག་ཕྱག་གཉིས་མཉམ་གཞག་ལྷུང་བཟེད་འཛིན།

셸찍 챡니 냠샥 훙세진

ཆོས་གོས་རྣམ་གསུམ་གསོལ་་ཞིང་སྐྱིལ་ཀྲུང་གིས།།

최괴 남쑴 쐴싱 낄뚱기

본래의 마음(마음의 본질)에

의식으로 그리면 선명하게 나타나나니

[4]

그곳에 무량광 아미타 부처님

세존께서 붉은 연꽃 색으로

위엄을 빛내고 계시나이다.

정수리의 육계肉髻와 발바닥의 법륜 등

32상 80종호로 장엄 되시고,

[5]

한 얼굴 두 팔의 모습에

발우를 들고 계시며,

세 가지 법의를 입으시고

결가부좌 하신 채,

།པདྨ་སྡོང་ལྡན་ཟླ་བའི་གདན་སྟེང་དུ།

뻬마 똥덴 다외 덴뗑두

།བྱང་ཆུབ་ཤིང་ལ་སྐུ་རྒྱབ་བརྟེན་མཛད་དེ།།

장춥 싱라 꾸갑 뗀제데

།ཐུགས་རྗེའི་སྤྱན་གྱིས་རྒྱང་ནས་བདག་ལ་གཟིགས།

툭제– 쩬기 걍네 닥라식

།གཡས་སུ་བྱང་ཆུབ་སེམས་དཔའ་སྤྱན་རས་གཟིགས།།

예쑤 장춥 쌤빠 쩬레식

།སྐུ་མདོག་དཀར་པོ་ཕྱག་གཡོན་པད་དཀར་འཛིན།

꾸독 까르뽀 챡욘 뻬까르진

།གཡོན་དུ་བྱང་ཆུབ་སེམས་དཔའ་མཐུ་ཆེན་ཐོབ།།

욘두 장춥 쌤빠 투첸톱

།སྔོན་པོ་རྡོ་རྗེས་མཚན་པའི་པདྨ་གཡོན།

온뽀 도르제 첸빼 뻬마욘

།གཡས་གཉིས་སྐྱབས་སྦྱིན་ཕྱག་རྒྱ་བདག་ལ་བསྟན།།

예니 꺕진 챡갸 닥라뗀

천 잎의 연꽃 월륜좌에 앉으시고

보리수에 몸을 기대시며

[6]
자비의 눈으로

멀리서 저를 바라보시나이다.

[7]
오른쪽엔 하얀 몸의

관세음보살님께서

오른손에 백련을 들고

왼손에 시무외인을 하고 계시고,

왼쪽에는 푸른 몸의 대세지보살님께서

왼손에 금강저가 표시된 연꽃을 드시고

오른손에 시무외인을 하신 모습을

།གཙོ་བོ་གསུམ་པོ་རི་རྒྱལ་ལྷུན་པོ་བཞིན།

쪼오 쑴뽀 리갈 훈뽀신

།ལྷང་ངེ་ལྷན་ནེ་ལྷམ་མེར་བཞུགས་པའི་འཁོར།།

항에 헨네 함메르 슉빠코르

།བྱང་ཆུབ་སེམས་དཔའི་དགེ་སློང་བྱེ་བ་འབུམ།

장춥 쎔빠 겔롱 제와붐

།ཀུན་ཀྱང་གསེར་མདོག་མཚན་དང་དཔེ་བྱད་བརྒྱན།།

꾼꺙 쎄르독 첸당 뻬제곈

།ཆོས་གོས་རྣམ་པ་གསུམ་གསོལ་ཞིང་སེར་ལྷེམ་མེ།

최괴 남쑴 쐴싱 쎄르헴메

།མོས་གུས་ཕྱག་ལ་ཉེ་རིང་ཁྱད་མེད་ཕྱིར།

뫼귀 챡라 녜링 켸메치르

བདག་གི་སྒོ་གསུམ་གུས་པས་ཕྱག་འཚལ་ལོ།

닥기 고쑴 귀빼 챡챌로

저에게 보이고 계시나이다.

B2. 제2원인 - 선근을 헤아릴 수 없는 문에서 쌓는다 C1. 예배 D1. 동기의 특성

[8]

세 분의 주존께서

수미산과 같이 선명하게 빛나시는

그 주변에는 수천억 보살 비구들이

모두 황금빛과 상호로 장엄하고

세 가지 법의를 입고 있으니

황금색이 찬란하나이다.

[9]

공경과 예배에는

멀고 가까움이 없사오니

제가 신 · 구 · 의 삼문三門으로

།ཆོས་སྐུ་སྣང་བ་མཐའ་ཡས་རིགས་ཀྱི་བདག །

최꾸 낭와 타예 릭끼닥

།ཐུག་གཡས་འོད་ཟེར་ལས་སྤྲུལ་སྤྱུལ་རས་གཟིགས།

착예 외세르 레뚤 쩬레식

།ཡང་སྤྲུལ་སྤྱན་རས་གཟིགས་དབང་བྱེ་བ་བརྒྱ།།

양뚤 쩬레 식왕 제와갸

།ཐུག་གཡོན་འོད་ཟེར་ལསསྤྲུལ་སྒྲོལ་མ་སྟེ།

착욘 외세르 레뚤 돌마떼

།ཡང་སྤྲུལ་སྒྲོལ་མ་བྱེ་བ་ཕྲག་བརྒྱ་འགྱེད།

양뚤 돌마 제와 탁갸계

제존諸尊께 공경히 예경하나이다.

D2. 명호의 별명을 생각하며 예배한다 E1. 법신이신 無量光

[10]

무량광부無量光部의 주主이신

법신法身 아미타 부처님께서

오른손의 빛으로부터

관세음보살을 화현하시고,

다시 그로부터

백억의 관세음보살을 화현하시며

왼손의 녹색빛으로부터

따라보살을 화현하시고,

다시 그로부터

།ཐུགས་ཀྱི་འོད་ཟེར་ལས་སྤྲུལ་པདྨ་འབྱུང་།

툭끼 외세르 레뚤 빼마중

།ཡང་སྤྲུལ་ཨོ་རྒྱན་བྱེ་བ་ཕྲག་བརྒྱ་འགྱེད།

양뛸 오곈 제와 탁갸계

།ཆོས་སྐུ་འོད་དཔག་མེད་ལ་ཕྱག་འཚལ་ལོ།

최꾸 외빡 멜라 챡챌로

།སངས་རྒྱས་སྤྱན་གྱིས་ཉིན་མཚན་དུས་དྲུག་ཏུ།

쌍계 쪤기 닌첸 뒤둑뚜

།སེམས་ཅན་ཀུན་ལ་བརྩེ་བས་རྟག་ཏུ་གཟིགས།

쌤쪤 뀐라 쩨외 딱뚜식

།སེམས་ཅན་ཀུན་གྱི་ཡིད་ལ་གང་དྲན་པའི།

쌤쪤 뀐기 일라 강덴빼

백억의 따라보살을 화현하시며

가슴의 빛으로부터
파드마삼바와蓮華生 대사를 화현하시고,
다시 그로부터 백억의
오겐 대사를 화현하시나니
법신이신 무량광
아미타 부처님께 예경하나이다.

E2. 일체지이신 아미타

[11]
부처님의 눈으로 밤낮 여섯 번
일체 중생을 자비로 살피시고
중생의 마음에 떠오르는 분별들을

།རྣམ་རྟོག་གང་འགྱུ་རྟག་ཏུ་ཐུགས་ཀྱིས་མཁྱེན།

남똑 강규 딱뚜 툭끼켄

།སེམས་ཅན་ཀུན་གྱིས་ངག་ཏུ་གང་སྨྲས་ཚིག།

쌤젠 뀐기 악뚜 강메칙

།རྟག་ཏུ་མ་འདྲེས་སོ་སོར་སྙན་ལ་གསན།

딱뚜 마데 쏘쏘ㄹ **녠라센**

།ཀུན་མཁྱེན་འོད་དཔག་མེད་ལ་ཕྱག་འཚལ་ལོ།

뀐켄 외빡 멜라 챡챌로

།ཆོས་སྤྱངས་མཚམས་མེད་བྱས་པ་མ་གཏོགས་པ།

최빵 참메 제빠 마똑빠

།ཁྱེད་ལ་དད་ཅིང་སྨོན་ལམ་བཏབ་ཚད་ཀུན།

켈라 데찡 묀람 땁체꾼

།བདེ་བ་ཅན་དེར་སྐྱེ་བའི་སྨོན་ལམ་གྲུབ།།

테와 쩬데ㄹ **꼐외 묀람둡**

항시 마음으로 모두 아시며,

중생이 업으로 말하는 모든 것을

항상 섞임 없이 각각으로 들으시는,

일체지자이신 무량광

아미타 부처님께 예경하나이다.

E3. 인도자이신 아미타

[12]

법을 비방하고

오무간업을 지은 자 이외에,

무량광 아미타 부처님을

믿고 발원하는 모든 이가

극락정토에 태어나는 서원을 이루도록,

།བར་དོར་ཟློན་ནས་ཞིང་དེར་འཛིན་པར་གསུངས།

바르도르 죈네 싱데르 덴빠르쑹

།འཛིན་པ་འོད་དཔག་མེད་ལ་ཕྱག་འཚལ་ལོ།

덴빠 외빡 멜라 챡챌로

།ཁྱེད་ཀྱི་སྐུ་ཚེ་བསྐལ་པ་གྲངས་མེད་དུ།

케끼 꾸체 껠빠 당메두

།མྱ་ངན་མི་འདའ་ད་ལྟ་མངོན་སུམ་བཞུགས།

냐엔 민다 단따 왼쑴슉

།ཁྱེད་ལ་རྩེ་གཅིག་གུས་པས་གསོལ་བཏབ་ན།

켈라 쩨찍 귀빼 쏠땁나

།ལས་ཀྱི་རྣམ་པར་སྨིན་པ་མ་གཏོགས་པ།

레끼 남빠르 민빠 마똑빠

[13]
바르도[중음]에 오셔서
인도하여 주신다고 하신
인도자 무량광
아미타 부처님께 예경하나이다.

무량광 아미타 부처님의
수명은 무한 겁이시라,
반열반에 들지 않으시고
현재까지 계시므로,

E4. 승리자(보호주)이신 무량수

[14]
당신을 일심으로 공경하고
기원하오면, 업의 과보[異熟果] 외에는

།ཚེ་ཟད་པ་ཡང་ལོ་བརྒྱ་ཐུབ་པ་དང་།

체세 빠양 로갸 툽빠당

།དུས་མིན་འཆི་བ་མ་ལུས་བཟློག་པར་གསུངས།

뒤민 치와 말뤼 독빠ㄹ쑹

།མགོན་པོ་ཚེ་དཔག་མེད་ལ་ཕྱག་འཚལ་ལོ།

곤뽀 체빡 멜라 착첼로

།སྟོང་གསུམ་འཇིག་རྟེན་རབ་འབྱམས་གྲངས་མེད་པ།

똥쑴 직뗀 랍잠 당메빠

།རིན་ཆེན་གྱིས་བཀང་སྦྱིན་པ་བྱིན་པ་བས།

린첸 기깡 진빠 진빠외

།འོད་དཔག་མེད་པའི་མཚན་དང་བདེ་བ་ཅན།

외빡 메빼 첸당 데와쩬

།ཐོས་ནས་དད་པས་ཐལ་མོ་སྦྱར་བྱས་ན།

퇴네 데빼 텔모 자ㄹ제나

།དེ་ནི་དེ་བས་བསོད་ནམས་ཆེ་བར་གསུངས།

데니 데외 쏘남 체와ㄹ쑹

།དེ་ཕྱིར་འོད་དཔག་མེད་ལ་གུས་ཕྱག་འཚལ།

데치ㄹ 외빡 멜라 귀착첼

수명이 다해도 백 년을 살게 되고,

때아닌 때 죽는 일이 없다고 하셨나니,

보호주이신 무량광

아미타 부처님께 예경하나이다.

D3. 명호를 듣는 효능을 생각하며 예배한다 E1. 명호를 듣고 합장하는 효능

[15]

광대무변한 삼천세계를

보배로 가득 채워 보시하는 것보다

무량광 아미타 부처님 명호와

극락정토를 듣고서 신심으로 합장하면,

그 복덕이 더욱 크다고 하셨나니,

경외심으로 무량광 아미타 부처님께

몸 · 말 · 뜻 삼문三門으로 예경하나이다.

།གང་ཞིག་འོད་དཔག་མེད་པའི་མཚན་ཐོས་ནས།

강식 외빡 메빼 첸퇴네

།ཁ་ཞེ་མེད་པར་སྙིང་ཁོང་རུས་པའི་གཏིང་།

카셰 메빠ㄹ 닝콩 뤼빼띵

།ལན་གཅིག་ཙམ་ཞིག་དད་པ་སྐྱེས་པ་ན།

렌찍 짬식 데빠 꼐빠나

།དེ་ནི་བྱང་ཆུབ་ལམ་ལས་ཕྱིར་མི་ལྡོག།

데니 장춥 람레 치ㄹ미독

།མགོན་པོ་འོད་དཔག་མེད་ལ་ཕྱག་འཚལ་ལོ།

곤뽀 외빡 멜라 착챌로

།སངས་རྒྱས་འོད་དཔག་མེད་པའི་མཚན་ཐོས་ནས།

쌍계 외빡 메빼 첸퇴네

།དེ་ནི་བྱང་ཆུབ་སྙིང་པོ་མ་ཐོབ་བར།

데니 장춥 닝뽀 마톱바ㄹ

E2. 菩提不退轉

[16]
누군가 무량광
아미타 부처님 명호를 듣고
겉과 속이 다름없이 진심으로,
단 한 번이라도 믿음이 일어나면
그는 보리도에서
퇴락하지 않는다고 하셨나니,
보호주이신 무량광
아미타 부처님께 예경하나이다.

E3. 다른 세 가지 효능을 얻는다

[17]
무량광 아미타 부처님의
명호를 들은 이후부터
위대한 깨달음[大覺]을 이룰 때까지

།བྱུད་མེད་མི་སྐྱེ་རིགས་ནི་བཟང་པོར་སྐྱེ།

뷔메 미꼐 릭니 상뽀ㄹ꼐

།ཚེ་རབས་ཀུན་ཏུ་ཚུལ་ཁྲིམས་རྣམ་དག་འགྱུར།

체랍 뀐뚜 출팀 남닥규ㄹ

།བདེ་གཤེགས་འོད་དཔག་མེད་ལ་ཕྱག་འཚལ་ལོ།

데셱 외빡 멜라 챡챌로

།བདག་གི་ལུས་དང་ལོངས་སྤྱོད་དགེ་རྩར་བཅས།

닥기 뤼당 롱쬐 게짜ㄹ쩨

།དངོས་སུ་འབྱོར་བའི་མཆོད་པ་ཅི་མཆིས་པ།

외쑤 조ㄹ외 최빠 찌치빠

།ཡིད་སྤྲུལ་བཀྲ་ཤིས་རྫས་རྟགས་རིན་ཆེན་བདུན།

이뚤 따시 제딱 린첸뒨

여인의 몸 받지 않고,

좋은 가문에 태어나며, 세세생생토록

청정계율에 머물게 된다고 하셨나니,

선서이신 무량광

아미타 부처님께 예경하나이다.

C2. 공양을 올린다 E1. 소유물의 공양

[18]

저의 몸과 재물 그리고 모든 선근과

실제로 준비한 모든 공양물,

E2. 마음으로 화현한 길상물

[19]

마음으로 화현한 길상물과 칠보,

།གདོད་ནས་གྲུབ་པ་སྟོང་གསུམ་འཇིག་རྟེན་གྱི།

되네 둡빠 똥쑴 직땐기

།གླིང་བཞི་རི་རབ་ཉི་ཟླ་བྱེ་བ་བརྒྱ།

링시 리랍 니다 제와갸

།ལྷ་ཀླུ་མི་ཡི་ལོངས་སྤྱོད་ཐམས་ཅད་ཀུན།

할루 미이 롱쬐 탐쩨꾼

།བློ་ཡིས་བླངས་ཏེ་འོད་དཔག་མེད་ལ་འབུལ།

로이 랑떼 외빡 멜라불

།བདག་ལ་ཕན་ཕྱིར་ཐུགས་རྗེའི་སྐྱོབས་ཀྱིས་བཞེས།

닥라 펜치ㄹ 툭제 뙵끼셰

།ཕ་མས་ཐོག་དྲངས་བདག་སོགས་འགྲོ་ཀུན་གྱི།

파메 톡당 닥쏙 도뀐기

།ཐོག་མ་མེད་པའི་དུས་ནས་ད་ལྟའི་བར།

톡마 메빼 뒤네 단떼바ㄹ

།སྲོག་བཅད་མ་བྱིན་བླངས་དང་མི་ཚངས་སྤྱོད།

쏙쩨 마친 랑당 미창쬐

E3. 원래부터 이루어진 것

[20]
삼천대천세계의 사대주,
수미산과 백억의 해와 달,
천신 · 용 · 인간의 모든 재물들을
무량광 아미타 부처님께
공양 올리옵나니, 저를 위해
자비의 위신력으로 받아주소서.

C3. 죄악참회 E1. 치유의 힘, 죄악의 종류를 말하며 참회하는 동기와 시기의 특성, 종류를 말하는 자체 F1. 알고 있는 죄악

[21]
부모님과 저와 일체 중생이
무시 이래로 지금까지,

G1. 본래적인 죄악 H1. 십불선을 모두 참회 I1. 세 가지 身業

[22] [23] [24]
살생과 도둑질과 사음 등

།ལུས་ཀྱི་མི་དགེ་གསུམ་པོ་མཐོལ་ལོ་བཤགས།

뤼끼 미게 쑴뽀 톨로샥

།རྫུན་དང་ཕྲ་མ་ཚིག་རྩུབ་ངག་འཁྱལ་བ།

준당 타마 칙쭙 악켈와

།ངག་གི་མི་དགེ་བཞི་པོ་མཐོལ་ལོ་བཤགས།

악기 미게 시뽀 톨로샥

།བརྣབ་སེམས་གནོད་སེམས་ལོག་པར་ལྟ་བ་སྟེ།

납쌤 뇌쌤 록빠ㄹ 따와떼

།ཡིད་ཀྱི་མི་དགེ་གསུམ་པོ་མཐོལ་ལོ་བཤགས།

이끼 미게 쑴뽀 톨로샥

몸의 세 가지 악업을 참회하나이다.

I2. 네 가지 口業

[25] 거짓말, [26] 이간질[兩舌],
[27] 거친 말[惡口], [28] 쓸데없는 말[綺語] 등
말로 지은[口業]
네 가지 악업을 참회하나이다.

I3. 세 가지 意業

[29] 탐심[貪欲心], [30] 악심[害心],
[31] 전도된 견해[邪見] 등
마음의 세 가지 악업을 참회하나이다.

H2. 중죄를 개별로 참회한다 I1. 오무간업(五逆)

།ཕ་མ་སློབ་དཔོན་དགྲ་བཅོམ་བཤད་པ་དང་།

파마 롭뾘 다쫌 쎄빠당

།རྒྱལ་བའི་སྐུ་ལ་ངན་སེམས་སྐྱེས་པ་དང་།

갈외 꾸라 엔쎔 꼐빠당

།མཚམས་མེད་ལྔ་ཡི་ལས་བསགས་མཐོལ་ལོ་བཤགས།

참메 아일 레싹 톨로샥

།དགེ་སློང་དགེ་ཚུལ་བསད་དང་བཙུན་མ་ཕབ།

겔롱 게출 쎄당 쭌마팝

།སྐུ་གཟུགས་མཆོད་རྟེན་ལྷ་ཁང་བཤིག་ལ་སོགས།

꾸숙 최뗀 하캉 식라쏙

།ཉེ་བའི་མཚམས་མེད་སྡིག་བྱས་མཐོལ་ལོ་བཤགས།

녜외 참메 딕제 톨로샥

།དཀོན་མཆོག་ལྷ་ཁང་གསུང་རབ་རྟེན་གསུམ་སོགས།

꾄촉 하캉 쑹랍 뗀쑴쏙

[32]
부모 · 아사리 · 아라한을 살해하였거나

부처님 몸에 악심으로 피를 낸 일 등

다섯 가지 무간업을 참회하나이다.

12. 준오무간업

[33]
수행승[비구 · 사미]**을 살해하거나**

수행녀[尊女]**를 범하거나,**

불상과 불탑과 불전佛殿**을 파괴하는 등**

무간죄에 가까운 악업[準五無間業]**을**

참회하나이다.

13. 법을 끊는 것(謗法)

[34]
불 · 법 · 승 삼보三寶**나 사원**[本堂]**,**

불상 · 경전 · 불탑 등의

།དཔང་ཞེས་ཚད་བཙུགས་མནའ་ཐོས་ལ་སོགས་པ།
빵셰 체쭉 나쇠 라쏙빠

།ཆོས་སྤངས་ལས་ངན་བསགས་པ་མཐོལ་ལོ་བཤགས།
최빵 레엔 싹빠 톨로샤

།ཁམས་གསུམ་སེམས་ཅན་བསད་ལས་སྡིག་ཆེ་བ།
캄쑴 쌤짼 쎌레 딕체와

།བྱང་ཆུབ་སེམས་དཔའ་རྣམས་ལ་སྐུར་བ་བཏབ།
장촙 쎔빠 남라 꾸ㄹ와땁

།དོན་མེད་སྡིག་ཆེན་བསགས་པ་མཐོལ་ལོ་བཤགས།
된메 딕첸 싹빠 톨로샤

།དགེ་བའི་ཕན་ཡོན་སྡིག་པའི་ཉེས་དམིགས་དང་།
게외 펜왼 딕빼 녜믹당

།དམྱལ་བའི་སྡུག་བསྔལ་ཚེ་ཚད་ལ་སོགས་པ།
녤외 둑엘 체체 라쏙빠

의지처를 걸고서 거짓으로 맹세하는 등
법을 끊는 악업을
쌓은 것을 참회하나이다.

14. 보살을 업신여기는 죄

[35]
삼계三界의 중생을 살해한 것보다
중대한 죄업인
불자[=보살]를 업신여기고 비방한
무의미하고 큰 죄업들을 참회하나이다.

15. 邪見

[36]
선업의 이익과 죄업의 폐해,
지옥의 고통과 수명이 깊에 관한
과보를 듣고서도

།ཐོས་ཀྱང་མི་བདེན་བཤད་ཚོད་ཡིན་བསམ་པ།

퇴꺙 미덴 셰최 인쌈빠

།མཚམས་མེད་ལྔ་བས་སྡུ་བའི་ལས་ངན་པ།

참메 아외 투외 레엔빠

།ཐར་མེད་ལས་ངན་བསགས་པ་མཐོལ་ལོ་བཤགས།

타ㄹ멜 레엔 싹빠 톨로샤

།ཕམ་པ་བཞི་དང་ལྷག་མ་བཅུ་གསུམ་དང་།

팜빠 시당 학마 쭉쑴당

།སྤང་ལྟུང་སོར་བཤགས་ཉེས་བྱས་སྡེ་ཚན་ལྔ།

빵뚱 쏘ㄹ샤 녜제 데첸아

།སོ་ཐར་ཚུལ་ཁྲིམས་བཅལ་བ་མཐོལ་ལོ་བཤགས།

소타ㄹ 출팀 첼와 톨로샤

།ནག་པོའི་ཆོས་བཞི་ལྟུང་བ་ལྔ་ལྔ་བརྒྱད།

낙뾔 최시 뚱와 아아계

།བྱང་སེམས་བསླབ་པ་ཉམས་པ་མཐོལ་ལོ་བཤགས།

장셈 랍빠 냠빠 톨로샤

거짓이라고 생각하는 것은,
오무간업보다도 심한 악업,
해탈할 수 없는 악업을 쌓는 것이니,
이러한 악업들을 참회하나이다.

G2. 制定罪惡[聲聞戒] H1. 別解脫의 學處

[37]
바라이, 승잔, 타죄, 회과, 악작 등
이러한 다섯 가지 범주의 「바라제목차
별해탈계」 범한 것을 참회하나이다.

H2. 보살의 學處

[38]
네 가지 흑법黑法, 다섯 가지 타죄墮罪
열세 가지 근近 근본타죄 등
「보살계」 범한 것을 참회하나이다.

།རྩ་ལྟུང་བཅུ་བཞི་ཡན་ལག་སྦོམ་པོ་བརྒྱད།

짜뚱 쭙시 옌락 봄뽀계

།གསང་སྔགས་དམ་ཚིག་ཉམས་པ་མཐོལ་ལོ་བཤགས།

상악 담칙 냠빠 톨로샥

།སྡོམ་པ་མ་ཞུས་མི་དགེའི་ལས་བྱས་པ།

돔빠 마슈 미게 레제빠

།མི་ཚངས་སྤྱོད་དང་ཆང་འཐུང་ལ་སོགས་པ།

미창 쬐당 창퉁 라쏙빠

།རང་བཞིན་ཁ་ན་མ་ཐོའི་སྡིག་པ་སྟེ།

랑신 카나 마퇴 딕빠떼

།སྡིག་པ་སྡིག་ཏུ་མ་ཤེས་མཐོལ་ལོ་བཤགས།

딕빠 딕뚜 마셰 톨로샥

H3. 비밀진언의 學處

[39]

열네 가지 근본타죄와

여덟 가지 지분支分의 추죄麤罪 등

「삼매야계의 서언」을

범한 것을 참회하나이다.

F2. 알지 못했던 본래적 罪惡

[40]

계를 받기 전에 행했던 불선한 업,

죄를 죄인 줄 모르고 지은

사음과 음주 등

본질적인 악업[性罪]이나

꺼내기도 꺼림칙한 죄[遮罪]를

모두 참회하나이다.

།སྐྱབས་སྡོམ་དབང་བསྐུར་ལ་སོགས་ཐོབ་ན་ཡང་།

꺕돔 왕꾸르 라쏙 톱나양

།དེ་ཡི་སྡོམ་པ་དམ་ཚིག་བསྲུང་མ་ཤེས།

데이 돔빠 담칙 쑹마셰

།བཅས་པའི་ལྟུང་བ་ཕོག་པ་མཐོལ་ལོ་བཤགས།

쩨빼 뚱와 폭빠 톨로샥

།འགྲོད་པ་མེད་ན་བཤགས་པས་མི་འདག་པས།

괴빠 메나 샥빼 미닥빼

།སྔར་བྱས་སྡིག་པ་ཁོང་དུ་དུག་སོང་ལྟར།

아르제 딕빠 콩두 둑쏭따르

།ངོ་ཚ་འཇིགས་སྐྲག་འགྲོད་པ་ཆེན་པོས་བཤགས།

오차 직딱 괴빠 첸뾔샥

།ཕྱིན་ཆད་སྡོམ་སེམས་མེད་ན་མི་འདག་པས།

친체 돔쎔 메나 미닥빼

[41]
귀의와 관정을 받고 나서
계율과 서언을 지키는 법을
모르고 범한 죄업을 참회하나이다.

E2. 뉘우치는 힘

[42]
「뉘우침 없는 참회」로는
악업이 정화되지 않으므로
「과거의 죄업」을 몸안에 있는 독처럼
부끄러움과 커다란 두려움을
갖고서 참회하나이다.

E3. 회복하는 힘

[43]
「이후에 금하는 마음」이 없으면
악업이 정화되지 않으므로

།ཕྱིན་ཆད་སྲོག་ལ་བབས་ཀྱང་མི་དགེའི་ལས།

친체 쏙라 밥꺙 미겔레

།དེ་ནས་མི་བགྱིད་སེམས་ལ་དམ་བཅའ་བཟུང་།

다네 미기 쎔라 당짜숭

།བདེ་གཤེགས་འོད་དཔག་མེད་པ་སྲས་བཅས་ཀྱིས།

테섹 외빡 메빠 쎄쩨끼

།བདག་རྒྱུད་ཡོངས་སུ་དག་པར་བྱིན་གྱིས་རློབས།

닥규 용쑤 닥빠ㄹ 진길롭

།གཞན་གྱིས་དགེ་བ་བྱེད་པ་ཐོས་པའི་ཚེ།

셴기 게와 제빠 퇴빼체

།དེ་ལ་ཕྲག་དོག་མི་དགེའི་སེམས་སྤངས་ནས།

델라 탁독 미게 쎔빵네,

།སྙིང་ནས་དགའ་བས་རྗེས་སུ་ཡི་རང་ན།

닝네 가외 제쑤 이랑나

이제부터 목숨을 잃는 한이 있더라도,

악업은 행하지 않을 것을 서약하오니,

E4. 의지하는 힘

[44]
선서이신 무량광 아미타 부처님과

보살님들께서

제가 완전히 정화되도록

가피하여 주소서.

C4. 隨喜 F1. 수희의 효능을 생각한다

[45]
다른 이가 선행善行을

한 일을 들었을 때,

시샘과 불선한 마음을 버리고

진심으로 따라 기뻐하면[隨喜]

།དེ་ཡི་བསོད་ནམས་མཉམ་དུ་ཐོབ་པར་གསུངས།
데이 쏘남 냠두 톱빠르쑹

།དེ་ཕྱིར་འཕགས་པ་རྣམས་དང་སོ་སྐྱེ་ཡིས།
데치르 팍빠 남당 쏘꼐이

།དགེ་བ་གང་བསྒྲུབས་ཀུན་ལ་ཡི་རང་ངོ་།
게와 강둡 뀐라 이랑오

།བླ་མེད་བྱང་ཆུབ་མཆོག་ཏུ་སེམས་བསྐྱེད་ནས།
라메 장춥 촉뚜 쌤꼐네

།འགྲོ་དོན་རྒྱ་ཆེན་མཛད་ལ་ཡི་རང་ངོ་།
도된 갸첸 젤라 이랑오

།མི་དགེ་བཅུ་པོ་སྤངས་པ་དགེ་བ་བཅུ།
미게 쭈뽀 빵빠 게와쭈

그와 동등한

복덕을 얻는다고 하셨나니,

F2. 수희하는 자체 G1. 범부 · 성자의 일반적인 善에 대한 隨喜

[46]

그러므로 성서러운 분들과 범부들의

모든 선업에 따라 기뻐하나이다.

G2. 대승의 善에 대한 隨喜

[47]

모든 부처님께서 위없는 보리심으로

중생을 위해 행하시는

광대한 이타행에 따라 기뻐하나이다.

G3. 공통적인 十善에 대한 隨喜

[48]

열 가지 악업을 끊은 열 가지 선업,

།གཞན་གྱི་སྲོག་བསྐྱབ་སྦྱིན་པ་གཏོང་བ་དང་།
셴기 쏙깝 진빠 똥와당

།སྡོམ་པ་སྲུང་ཞིང་བདེན་པར་སྨྲ་བ་དང་།
돔빠 쑹싱 덴빠르 마와당

།འཁོན་པ་བསྡུམ་དང་ཞི་དུལ་དྲང་པོར་སྨྲ།
퀸빠 둠당 시둘 당뽀르마

།དོན་དང་ལྡན་པའི་གཏམ་བརྗོད་འདོད་པ་ཆུང་།
된당 덴빼 땀죄 되빠충

།བྱམས་དང་སྙིང་རྗེ་སྒོམ་ཞིང་ཆོས་ལ་སྤྱོད།
잠당 닝제 곰싱 쵤라쬐

།དགེ་བ་དེ་རྣམས་ཀུན་ལ་ཡི་རང་ངོ་།
게와 데남 뀐라 이랑오

།ཕྱོགས་བཅུའི་འཇིག་རྟེན་རབ་འབྱམས་ཐམས་ཅད་ན།
촉쮜 직뗀 랍잠 탐쩨나

།རྫོགས་སངས་རྒྱས་ནས་རིང་པོར་མ་ལོན་པར།
족쌍 게네 링뽀르 말뢴빠르

[49] 목숨을 구하고, [50] 보시를 하고,
[51] 계율을 지키고, [52] 진실을 말하고,
[53] 원한을 조정하고,

[54] 온화하고 정직한 말을 하고,
[56] 유익한 말을 하고, [56] 소욕지족하고,
[57] 자애와 연민을 수습하고,
바른 법을 행하는 일 등, 그러한
모든 선행에 따라 기뻐하나이다.

C5. 轉法輪勸請

[58] 시방의 광대한 일체 세간에서
정각을 이루신 지 오래지 않은

།དེ་དག་རྣམས་ལ་ཆོས་ཀྱི་འཁོར་ལོ་ནི།
데닥 남라 최끼 콜로니

།རྒྱ་ཆེན་སྨུར་དུ་མསྐོར་བར་བདག་གིས་བསྐུལ།
갸첸 뉴르두 꼬르와르 닥기꿀

།མངོན་ཤེས་ཐུགས་ཀྱིས་དེ་དོན་མཁྱེན་པར་གསོལ།
왼셰 툭끼 데된 켼빠르쏠

།སངས་རྒྱས་བྱང་སེམས་བསྟན་འཛིན་དགེ་བའི་བཤེས།
쌍계 장쌤 뗀진 게외셰

།མྱ་ངན་འདའ་བར་བཞེད་ཀུན་དེ་དག་ལ།
냐엔 다와르 셰뀐 데닥라

།མྱ་ངན་མི་འདའ་བཞུགས་པར་གསོལ་བ་འདེབས།
냐엔 민다 숙빠르 쏠와뎁

།འདིས་མཚོན་བདག་གི་དུས་གསུམ་དགེ་བ་རྣམས།
디촌 닥기 뒤쑴 게와남

།འགྲོ་བ་སེམས་ཅན་ཀུན་གྱི་དོན་དུ་བསྔོ།
도와 쌤쪤 뀐기 된두오

그분들에게 광대한 법륜을

신속히 굴려 주시옵기를 권청하오니,

제불諸佛께오서 신통력으로

굽어살펴 주소서.

C6. 반열반에 들지 않으시기를 勸請

[59]

부처님과 보살님과 선지식들까지

반열반에 들고자 하시는 모든 분들께

반열반에 들지 마시옵길 간청하나이다.

B3. 제3 원인 - 無上菩提에 善을 회향하는 것을 동시에 나타낸다

C1. 궁극적인 菩提를 원한다

[60]

이와 같이 제가

예배·공양·참회·수희·권청·기원으로 쌓은

삼세의 선근을 일체중생을 위해

།ཀུན་ཀྱང་བླ་མེད་བྱང་ཆུབ་མྱུར་ཐོབ་ནས།

꾼꺙 라메 장춥 뉴르톱네

།ཁམས་གསུམ་འཁོར་བ་དོང་ནས་སྤྲུགས་གྱུར་ཅིག།

캄쑴 코르와 동네 뚝규르찍

།དེ་ཡི་དགེ་བ་བདག་ལ་མྱུར་སྨིན་ནས།

데이 게와 닥라 뉴르민네

།ཚེ་འདིར་དུས་མིན་འཆི་བ་བཅོ་བརྒྱད་ཞི།

체디르 뒤민 치와 쫍계시

།ནད་མེད་ལང་ཚོ་རྒྱས་པའི་ལུས་སྟོབས་ལྡན།

네메 랑초 계빼 뤼똡덴

།དཔལ་འབྱོར་འཛད་མེད་དབྱར་གྱི་གངྒཱ་ལྟར།

뺄조르 제메 야르기 강가따르

།བདུད་དགྲའི་འཚེ་བ་མེད་ཅིང་དམ་ཆོས་སྤྱོད།

뒤데 체와 메찡 담최쬐

།བསམ་པའི་དོན་ཀུན་ཆོས་ལྡན་ཡིད་བཞིན་འགྲུབ།

쌈빼 된꾼 최덴 이신둡

모두 회향하오니,

모두가 위없는 보리를 신속히 성취하여

삼계 윤회의 바다까지 비게 하소서.

C2. 일시적인 보리행을 원한다

[61]

선근이 저에게 신속히 무르익어

이생에 열여덟 가지 비명횡사를 막고

병 없는[無病] 젊은 힘을 갖추며

갠지스강 모래알처럼 다함 없는 풍요와

[62]

마군과 적의 장애 없이

[63]

바른 법을 행하며, 원하는 모든 것을

바른 법에 맞게 성취하여

부처님 가르침과

།བསྟན་དང་འགྲོ་ལ་ཕན་ཐོགས་རྒྱ་ཆེན་འགྲུབ།

뗀당 돌라 펜톡 갸첸둡

།མི་ལུས་དོན་དང་ལྡན་པར་འགྲུབ་པར་ཤོག །

밀뤼 된당 덴빠르 둡빠르쑉

།བདག་དང་བདག་ལ་འབྲེལ་ཐོགས་ཀུན།

닥당 닥라 델톡꾼

།འདི་ནས་ཚེ་འཕོས་གྱུར་མ་ཐག །

디네 체푀 규르마탁

།སྤྲུལ་པའི་སངས་རྒྱས་འོད་དཔག་མེད།

뚤빠 쌍계 외빡메

།དགེ་སློང་དགེ་འདུན་འཁོར་གྱིས་བསྐོར།

겔롱 겐둔 코르기꼬르

།མདུན་དུ་མངོན་སུམ་འབྱོན་པར་ཤོག །

된두 왼쑴 죈빠르쑉

།དེ་མཐོང་ཡིད་དགའ་སྣང་བ་སྐྱིད།

데통 이가 낭와끼

།ཤི་བའི་སྡུག་བསྔལ་མེད་པར་ཤོག

시외 둑엘 메빠르쑉

중생을 널리 이롭게 하며

가만暇滿의 사람 몸 받은 것을

헛되지 않게 하소서.

B4. 제4 원인 - 이상의 세 가지 원인에서 제선근을 극락에 왕생하는 원인으로 회향 · 서원함

C1. 금생에 아미타불께 예경하는 것에 관한 서원

[64]

저와 저의 인연 있는 모든 이들이

이번 생을 마칠 때는, 곧바로

[65]

화신化身의 무량광 아미타 부처님께서

많은 보살 비구의 성중聖衆들과 함께

눈앞에 직접 오시옵기를 기원하나이다.

[66]

그 모습을 뵙고는 환희심이 일어나

죽음의 고통이 없게 하소서.

།བྱང་ཆུབ་སེམས་དཔའ་མཆེད་བརྒྱད་ནི།

장춥 쎔빠 체계니

།རྫུ་འཕྲུལ་སྟོབས་ཀྱིས་ནམ་མཁར་བགྲོན།

주툴 똡끼 남카르죈

།བདེ་བ་ཅན་དུ་འགྲོ་བ་ཡི།

데와 쩬두 도와이

།ལམ་སྟོན་ལམ་སྣ་འདྲེན་པར་ཤོག

람뙨 람나 덴빠르쑉

།ངན་སོང་སྡུག་བསྔལ་བཟོད་གླག་མེད།

엔쏭 둑엘 쇠락메

།ལྷ་མིའི་བདེ་སྐྱིད་མི་རྟག་འགྱུར།

하미- 데끼 미딱규르

།དེ་ལ་སྐྲག་སེམས་སྐྱེ་བར་ཤོག།

델라 딱쎔 꼐와르쑉

།ཐོག་མ་མེད་ནས་ད་ལྟའི་བར།

톡마 메네 다뗴바르

།འཁོར་བ་འདི་ན་ཡུན་རེ་རིང་།

코르와 디나 윤레링

[67]
여덟 분의 큰 보살님들께서는
신족통으로 허공을 지나
극락 정토로 가는 바른 길을
보여 주시고 인도하소서.

C2. 死後에 轉生하여 극락왕생하는 것에 관한 서원 D1. 삼계 윤회에의 애착을 끊는다

[68]
삼악도의 고통은 견딜 수 없고
천신과 인간의 쾌락은
무상하게 변하는 것이니,
이러한 윤회에 두려움을 갖게 하소서.

[69]
무시이래로 지금까지
오래도록 윤회한 것에 대해

།དེ་ལ་སྐྱོ་བ་སྐྱེ་བར་ཤོག

델라 꾜와 꼐와르쑉

།མི་ནས་མི་རུ་སྐྱེ་ཚོག་ཀྱང་།

미네 미루 꼐촉꺙

།སྐྱེ་ཀ་ན་འཆི་གྲངས་མེད་སྨྱོང་།

꼐가 나치 당메뇽

།དུས་ངན་སྙིགས་མར་བར་ཆད་མང་།

뒤엔 닉마르 바르체망

།མི་དང་ལྷ་ཡི་བདེ་སྐྱིད་འདི།

미당 하이 데끼디

།དུག་དང་འདྲེས་པའི་ཟས་ཞིན་དུ།

둑당 데빼 세신두

།འདོད་པ་སྤུ་ཙམ་མེད་པར་ཤོག

되빠 뿌짬 메빠르쑉

།ཉེ་དུ་ཟས་ནོར་མཐུན་གྲོགས་རྣམས།

녜두 세노르 퇸독남

།མི་རྟག་སྒྱུ་མ་རྨི་ལམ་བཞིན།

미딱 규마 밀람신

염리심이 일어나게 하소서.

[70]
인간에서 인간으로 환생하더라도
생로병사를 무한히 겪게 되고
말세에는 헤아릴 수 없는
장애가 있으며,
천신과 인간의 쾌락이라는 것은
독이 섞인 음식과 같나니
추호의 탐착도 없게 하소서.

[71] [72] [73]
친족이나 음식이나 재물이나
[74]
친구 · 친지들은 모두
무상하여 환과 같고 꿈과 같나니

།ཆགས་ཞེན་སྤུ་ཙམ་མེད་པར་ཤོག །

착셴 뿌짬 메빠ㄹ쏙

།ས་ཆ་ཡུལ་རིས་ཁང་ཁྱིམ་རྣམས།

싸차 율리 캉킴남

།རྨི་ལམ་ཡུལ་གྱི་ཁང་ཁྱིམ་ལྟར།

밀람 율기 캉킴따ㄹ

།བདེན་པར་མ་གྲུབ་ཤེས་པར་ཤོག

덴빠ㄹ 마둡 셰빠ㄹ쏙

།ཐར་མེད་འཁོར་བའི་རྒྱ་མཚོ་ནས།

타ㄹ메 코ㄹ외 갸초네

།ཉེས་ཆེན་བཙོན་ནས་ཐར་པ་བཞིན།

녜첸 쬔네 타ㄹ빠신

།བདེ་བ་ཅན་གྱི་ཞིང་ཁམས་སུ།

데와 쩬기 싱캄수

།ཕྱི་ལྟས་མེད་པར་འགྲོས་པར་ཤོག

치떼 메빠ㄹ 되빠ㄹ쏙

།ཆགས་ཞེན་འཁྲི་བ་ཀུན་བཅད་ནས།

착신 티와 뀐쩨네

།བྱ་རྒོད་སྙི་ནས་ཐར་བ་བཞིན།

자괴 니네 타ㄹ와신

[75]

털끝만큼의 애착도 없게 하소서.

[76]

편애하는 고향이나 집 역시도
꿈속의 집과 같아서
실재가 아님을 바르게 알게 하소서.

[77]

죄인이 감옥에서 탈출하듯이
끝없는 윤회의 바다로부터
극락세계 정토를 향해
뒤돌아보지 않고 달아나게 하소서.

D2. 극락에서의 삶에 관한 서원

[78]

애착의 결박을 모두 끊어내고
독수리가 올가미에서 벗어나듯이,

།ནུབ་ཀྱི་ཕྱོགས་ཀྱི་ནམ་མཁའ་ལ།
눕끼 촉끼 남칼라

།འཇིག་རྟེན་ཁམས་ནི་གྲངས་མེད་པ།
직뗀 캄니 당메빠

།སྐད་ཅིག་ཡུད་ལ་བགྲོད་བྱས་ནས།
께찍 윌라 되제네

།བདེ་བ་ཅན་དུ་ཕྱིན་པར་ཤོག
데와 쩬두 친빠르쑉

།དེ་རུ་སངས་རྒྱས་འོད་དཔག་མེད།
데루 쌍계 외빡메

།མངོན་སུམ་བཞུགས་པའི་ཞལ་མཐོང་ནས།
왼쑴 슉빼 셸통네

།སྒྲིབ་པ་ཐམས་ཅད་དག་པར་ཤོག།
딥빠 탐쩨 닥빠르쑉

།སྐྱེ་གནས་བཞི་ཡི་མཆོག་གྱུར་པ།
꼐네 시이 촉규르빠

།མེ་ཏོག་པདྨའི་སྙིང་པོ་ལ།
메똑 뻬메 닝뽈라

།བརྫུས་ཏེ་སྐྱེ་བ་ལེན་པར་ཤོག
쥐떼 꼐와 렌빠르쑉

서쪽의 하늘을 향해
무수한 세계를 지나서
한 찰나에 극락정토에
도달하게 되기를 기원하나이다.

[79]
그곳에서 무량광 아미타 부처님을
직접 뵈옵고, 일체 모든 장애가
정화되기를 기원하나이다.

[80]
태 · 란 · 습 · 화 네 가지 출생 가운데
최상의 연꽃 속에
화생化生하게 되기를 기원하나이다.

།སྐད་ཅིག་ཉིད་ལ་ལུས་རྫོགས་ནས།

꼐찍 닐라 뤼족네

།མཚན་དཔེ་ལྡན་པའི་ལུས་ཐོབ་ཤོག

첸뻬 덴뻴 뤼톱쏙

།མི་སྐྱེ་དོགས་པའི་ཐེ་ཚོམ་གྱིས།

미꼐 독빼 테촘기

།ལོ་གྲངས་ལྔ་བརྒྱའི་བར་དག་ཏུ།

로당 압개 바ㄹ닥뚜

།ནང་དེར་བདེ་སྐྱིད་ལོངས་སྤྱོད་ལྡན།

낭데ㄹ 데끼 롱쬐덴

།སངས་རྒྱས་གསུང་ནི་ཐོས་ན་ཡང་།

쌍계 쑹니 퇴나양

།མེ་ཏོག་ཁ་ནི་མི་བྱེ་བས།

메똑 카니 미제외

།སངས་རྒྱས་ཞལ་མཇལ་ཕྱི་བའི་སྐྱོན།

쌍계 셸젤 치외꾄

[81]
연꽃 속에 출생하는 즉시
몸이 완성되어 뛰어난
상호가 갖춰지기를 기원하나이다.

[82]
조금이라도 이러한 왕생을 의심하면
오백 년 동안 하품하생下品下生으로
연꽃 속에 머물게 되어,
그 안에서 안락을 누리며
부처님의 말씀은 들을 수 있지만,

연꽃잎이 열리지 않아서
부처님을 늦게 뵈옵게 되오니
그런 결점이

།དེ་འདྲ་བདག་ལ་མི་འབྱུང་ཤོག།།

덴다 닥라 마중쏙

།སྐྱེས་མཐག་ཏུ་མེ་ཏོག་བྱེ།

껴마 탁뚜 메똑제

།འོད་དཔག་མེད་པའི་ཞལ་མཐོང་ཤོག།།

외빡 메빼 셸통쏙

།བསོད་ནམས་སྟོབས་དང་རྫུ་འཕྲུལ་གྱིས།

쏘남 똡당 주튈기

།ལག་པའི་མཐིལ་ནས་མཆོད་པའི་སྤྲིན།

락빼 틸네 최빼띤

།བསམ་མི་ཁྱབ་པར་སྤྲོས་བྱས་ནས།

쌈미 캽빠르 뙤제네

།སངས་རྒྱས་འཁོར་བཅས་མཆོད་

쌍계 코르쪠 최빠르쏙

།དེ་ཚེ་དེ་བཞིན་གཤེགས་པ་དེས།

데체 데신 셱빠데

།ཕྱག་གཡས་བརྐྱངས་ནས་མགོ་ལ་བཞག།།

챡예 꺙네 콜라샥

저에게는 일어나지 않기를 기원하오며,

태어난 즉시 연꽃이 열려, 무량광

아미타 부처님을 뵈올 수 있게 하소서.

[83]

복덕의 힘과 신통에 의해

제 손바닥에서 공양 구름을

헤아릴 수 없이 화현시켜

부처님과 모든 성중들께

공양을 올리게 하소서.

그때 여래이신 무량광

아미타 부처님께서 오른손을 뻗어

제 머리에 얹으시고

།བྱང་ཆུབ་ལུང་བསྟན་ཐོབ་པར་ཤོག།།
장촙 룽뗀 톱빠르쑉

།ཟབ་དང་རྒྱ་ཆེའི་ཆོས་ཐོས་ནས།
삽당 갸체 최퇴네

།རང་རྒྱུད་སྨིན་ཅིང་གྲོལ་བར་ཤོག།།
랑규 민찡 됼바르쑉

།སྤྱན་རས་གཟིགས་དང་མཐུ་ཆེན་ཐོབ།
쩬레 식당 투첸톱

།རྒྱལ་སྲས་ཐུ་བོ་རྣམ་གཉིས་ཀྱིས།
갈쎄 투오 남니끼

།བྱིན་གྱིས་བརླབས་ཤིང་རྗེས་བཟུང་ཤོག།།
진기 랍싱 제숭쑉

།ཉིན་རེ་བཞིན་དུ་ཕྱོགས་བཅུ་ཡི།
닌레 신두 촉쭈이

།སངས་རྒྱས་བྱང་སེམས་དཔག་མེད་པ།
쌍계 장쎔 빡메빠

།འོད་དཔག་མེད་པ་མཆོད་པ་དང་།
외빡 메빠 최빠당

།ཞིང་དེར་བལྟ་ཕྱིར་འགྲོན་པའི་ཚེ།
싱데르 따치르 죈빼체

보리의 수기를 내려 주소서.

[84]
심오하고 광대한 법문을 듣고서
마음이 성숙되고 해탈하게 하소서.

[85]
관세음보살 대세지보살
두 분의 상수 보살님께서
가지해 주시고 보살펴 주소서.

[86]
매일같이 시방세계의
헤아릴 수 없는 부처님과 보살님들께서
무량광 아미타 부처님께 공양을 올리고
극락 정토를 보기 위해 오실 때,

།དེ་དག་ཀུན་ལ་བསྙེན་བཀུར་ཞིང་།

데닥 꾄라 녠꾸르싱

།ཆོས་ཀྱི་བདུད་རྩི་ཐོབ་པར་ཤོག།

최끼 뒤찌 톱빠르쇽

།རྫུ་འཕྲུལ་ཐོགས་པ་མེད་པ་ཡིས།

주툴 톱빠 메빠이

།མངོན་དགའི་ཞིང་དང་དཔལ་ལྡན་ཞིང་།

왼게 싱당 뺄덴싱

།ལས་རབ་རྫོགས་དང་སྟུག་པོ་བཀོད།

레랍 족당 뚝뽀꾀

།སྔ་དྲོ་དེ་དག་རྣམས་སུ་འགྲོ།

아도 데닥 남쑤도

།མི་བསྐྱོད་རིན་འབྱུང་དོན་ཡོད་གྲུབ།

미꾀 린중 된요둡

།རྣམ་སྣང་ལ་སོགས་སངས་རྒྱས་ལ།

남낭 라쏙 쌍곌라

།དབང་དང་བྱིན་རླབས་སྡོམ་པ་ཞུ།

왕당 진랍 돔빠슈

།མཆོད་པ་དུ་མས་མཆོད་བྱས་ནས།

최빠 두메 최제네

저는 그분들 모두를 공경하고
법의 감로를 얻게 하소서.

[87]
걸림 없는 신변으로
묘희妙喜:아비라띠 정토, 길상吉祥 정토,
성업聖業 정토, 밀엄密嚴 정토의 불국토들을
아침에 차례로 참방하여

거기에서 부동불不動佛:阿閦,
보생불寶生佛, 불공성취불不空成就佛,
비로자나 부처님을 친견하옵고,
관정과 가피와 교계를 받자오며
갖가지 진귀한 공양을 올린 후

།དགོང་མོ་བདེ་བ་ཅན་ཉིད་དུ།

공모 데와 쩬니두

།དཀའ་ཚེགས་མེད་པར་སླེབ་པར་ཤོག།

까쳭 메빠르 렙빠르쑉

།པོ་ཏ་ལ་དང་ལྕང་ལོ་ཅན།

뽀딸 라당 짱로쩬

།ཛ་ཡབ་གླིང་དང་ཨོ་རྒྱན་ཡུལ།

아얍 링당 오곈율

།སྤྲུལ་སྐུའི་ཞིང་ཁམས་བྱེ་བ་བརྒྱར།

뚤꾸 싱캄 제와갸르

།སྤྱན་རས་གཟིགས་དང་སྒྲོལ་མ་དང་།

쩬레 식당 돌마당

།ཕྱག་རྡོར་པད་འབྱུང་བྱེ་བ་བརྒྱ།

착도르 뻬중 제와갸

།མཇལ་ཞིང་མཆོད་པ་རྒྱ་མཚོས་མཆོད།

젤싱 최빠 갸최최

།དབང་དང་གདམས་ངག་ཟབ་མོ་ཞུ།

왕당 담악 삽모슈

།མྱུར་དུ་རང་གནས་བདེ་ཆེན་ཞིང་།

뉴르두 랑네 데첸싱

།ཐོགས་པ་མེད་པར་ཕྱིན་པར་ཤོག

톡빠 메빠르 친빠르쑉

저녁에는 극락정토로
어려움 없이 돌아오게 하소서.

[88]
뽀딸라와 양류궁,
나찰국과 우디야나 등
수백억 화신의 국토에서
관세음보살, 따라보살, 금강수보살,
연화생 대사를 모두 친견하옵고

바다와 같은 공양을 올리며,
관정과 심오한 구결을 받자온 뒤
제가 머무는 극락정토로
신속하게 걸림 없이 돌아오게 하소서.

།ཤུལ་གྱི་ཉེ་དུ་གྲྭ་སློབ་སོགས།
슐기 녜두 달롭쏙

།ལྷ་ཡི་མིག་གིས་གསལ་བར་མཐོང་།
하이 믹기 쎌와르통

།སྲུང་སྐྱོབ་བྱིན་གྱིས་རློབ་བྱེད་ཅིང་།
쑹꼽 진길 롭제찡

།འཆི་དུས་ཞིང་དེར་ཁྲིད་པར་ཤོག །
치뒤 싱데르 티빠르쑉

།བསྐལ་བཟང་འདི་ཡི་བསྐལ་པའི་ཡུན།
껠상 디이 껠빠윤

།བདེ་བ་ཅན་གྱི་ཞག་གཅིག་སྟེ།
데와 쩬기 샥찍떼

།བསྐལ་པ་གྲངས་མེད་འཆི་བ་མེད།
껠빠 당메 치와메

།རྟག་ཏུ་ཞིང་དེ་འཛིན་པར་ཤོག །
딱뚜 싱데 진빠르쑉

།བྱམས་པ་ནས་བཟུང་མོས་པའི་བར།
잠빠 네숭 뫼빠바르

[89]
옛날의 친족이나 승가 대중[僧衆]의
제자 등을 천안으로 생생히 보아
보호하고 가피하며, 그들이
사바세계에서의 목숨이 다하면
극락정토로 인도하게 하소서.

[90]
이 현겁賢劫의 1겁은
극락정토의 하루이니,
헤아릴 수 없는 겁 동안 죽음도 없는
극락정토에 상주常住하게 하소서.

[91]
미륵불에서 루지불에 이르기까지

།བསྐལ་བཟང་འདི་ཡི་སངས་རྒྱས་རྣམས།
껠상 디이 쌍계남

།འཇིག་རྟེན་འདི་ན་ནམ་འབྱོན་ཚེ།
직뗀 디나 남쵠체

།རྫུ་འཕྲུལ་སྟོབས་ཀྱིས་འདིར་འོངས་ནས།
주툴 똡끼 디르옹네

།སངས་རྒྱས་མཆོད་ཅིང་དམ་ཆོས་ཉན།
쌍계 최찡 담최녠

།སླར་ཡང་བདེ་ཆེན་ཞིང་ཁམས་སུ།
라르양 데첸 싱캄쑤

།ཐོགས་པ་མེད་པར་འགྲོ་བར་ཤོག།
톡빠 메빠르 도와르쑉

།ངསང་རྒྱས་བྱེ་བ་ཁྲག་ཁྲིག་བརྒྱ་སྟོང་ཐྲག།
쌍계 제와 탁틱 갸똥탁

།བརྒྱད་ཅུ་རྩ་གཅིག་སངས་རྒྱས་ཞིང་ཀུན་གྱི།
계쭈 짜찍 쌍계 싱뀐기

།ཡོན་ཏན་བཀོད་པ་ཐམས་ཅད་གཅིག་བསྡོམས་པ།
욘뗀 꾀빠 탐쩨 찍돔빠

།ཞིང་ཁམས་ཀུན་ལས་ཁྱད་འཕགས་ཟླན་མེད།
싱캄 뀐레 케팍 라나메

།བདེ་བ་ཅན་གྱི་ཞིང་དེར་སྐྱེ་བར་ཤོག།
데와 쩬기 싱데르 꼐와르쑉

현겁賢劫의 부처님들께서
이 사바세계에 출현하실 때
신통력으로 그 부처님 앞에 나아가서
공양을 올리며 설법을 듣고
다시금 극락정토로
걸림 없이 돌아오게 하소서.

C3. 정토 장엄에 관한 서원 D1. 일반적인 淨土의 공덕에 마음 쓰는 서원

[92]
81백천억 나유타 부처님들의
모든 정토의 일체 공덕을
다 갖추었으므로,
다른 모든 정토들보다 수승하고 위없는
극락정토에 왕생하기를 기원하나이다.

།རིན་ཆེན་ས་གཞི་ཁྱོན་སྙོམས་ལག་མཐིལ་ལྟར།

린첸 싸시 쾨놈 락틸따르

།ཡངས་ཤིང་རྒྱ་ཆེ་གསལ་ཞིང་འོད་ཟེར་འབར།

양싱 갸체 쌜싱 외세르바르

།མཉན་ན་ཉེམ་ཞིང་བཏེག་ན་སྤར་བྱེད་པ།

넨나 넴싱 떽나 빠르제빠

།བདེ་འཇམ་ཡངས་པའི་ཞིང་དེར་སྐྱེ་བར་ཤོག །

데잠 양빼 싱데르 꼐와르쑉

།རིན་ཆེན་དུ་མ་ལས་གྲུབ་དཔག་བསམ་ཤིང་།

린첸 두마 레둡 빡쌈싱

།ལོ་མ་དར་ཟབ་འབྲས་བུ་རིན་ཆེན་བརྒྱན།

로마 다르삽 데부 린첸곈

།དེ་སྟེང་སྤྲུལ་པའི་བྱ་ཚོགས་སྐད་སྙན་སྒྲོས།

데뗑 뛸빼 자촉 께녠데

།ཟབ་དང་རྒྱ་ཆེའི་ཆོས་ཀྱི་སྒྲ་རྣམས་སྒྲོགས།

삽당 갸체 최끼 다남독

།ངོ་མཚར་ཆེན་པོའི་ཞིང་དེར་སྐྱེ་བར་ཤོག །

오차르 첸뾔 싱데르 꼐와르쑉

D2. 地面의 공덕에 마음 쓰는 서원

[93]

손바닥처럼 평평한 보배 대지는

광활하고 밝게 빛나며

걷기에 부드럽고 편안하며

광활하고 안락한

그 정토에 왕생하게 하소서.

D3. 수목의 공덕에 마음 쓰는 서원

[94]

여러 보배로 이루어진 여의수如意樹**에**

비단 잎과 보배 열매가 열리고

화현한 새들이 아름답게 노래 부르며

심오하고 광대한 법음法音**을 내나니,**

희유한 그 정토에 왕생하게 하소서.

།སྤོས་ཆུའི་ཆུ་ཀླུང་ཡན་ལག་བརྒྱད་ལྡན་མང་།

뾔취 출룽 옌락 계덴망

།དེ་བཞིན་བདུད་རྩིའི་ཁྲུས་ཀྱི་རྫིང་བུ་རྣམས།

데신 뒤찌 튀끼 징부남

།རིན་ཆེན་སྣ་བདུན་ཐེམ་སྐས་ཕ་གུས་བསྐོར།

린첸 나뒨 템깨 파귀꼬르

།མེ་ཏོག་པདྨ་དྲི་ཞིམ་འབྲས་བུར་ལྡན།

메똑 뻬마 디심 데부르덴

།པདྨའི་འོད་ཟེར་དཔག་ཏུ་མེད་པ་འཕྲོ།

뻬메 외세르 빡뚜 메빠토

།འོད་ཟེར་རྩེ་ལ་སྤྲུལ་པའི་སངས་རྒྱས་བརྒྱན།

외세르 쩰라 뚤빼 쌍계곈

།ཡ་མཚན་ཆེན་པོའི་ཞིང་དེར་སྐྱེ་བར་ཤོག །།

얌첸 첸뾔 싱데르 꼐와르쑉

།མི་ཁོམ་བརྒྱད་དང་ངན་སོང་སྒྲ་མི་གྲགས།

미콤 계당 엔쏭 다미닥

།ཉོན་མོངས་དུག་ལྔ་དུག་གསུམ་ནད་དང་གདོན།

뇐몽 둑아 둑쑴 네당된

།དགྲ་དང་དབུལ་ཕོངས་འཐབ་རྩོད་ལ་སོགས་པ།

다당 울퐁 탑쬐 라쏙빠

D4. 물과 연꽃의 공덕에 마음 쓰는 서원

[95]
향기로운 계곡은

여덟 가지 공덕을 갖추고

감로의 연못들은 칠보로 이루어진

계단으로 둘러쳐 있으며,

향기로운 연꽃에는 열매가 맺혀 있고

연꽃에서 한량없는 빛이 나와

빛의 끝에 부처님의 화신이 나타나시는

신비로운 그 정토에 왕생하게 하소서.

D5. 생명의 공덕에 마음 쓰는 서원

[96]
팔무가八無暇**와 삼악도의 모든 번뇌,**

오독五毒**과 삼독**三毒**, 질병과 마라**[魔]**와**

적敵 **빈곤과 투쟁 등의 일체 고난을**

།སྡུག་བསྔལ་ཐམས་ཅད་ཞིང་དེར་ཐོས་མ་མྱོང་།

둑엘 탐쩨 싱데르 퇴마뇽

།བདེ་བ་ཆེན་པོའི་ཞིང་དེར་སྐྱེ་བར་ཤོག།

데와 첸뾔 싱데르 꼐와르쇽

།བྱུད་མེད་མེད་ཅིང་མངལ་ནས་སྐྱེ་བ་མེད།

뷔메 메찡 엘네 꼐와메

།ཀུན་ཀྱང་མེ་ཏོག་པདྨའི་སྦུབས་ནས་འཁྲུངས།

꾼꺙 메똑 빼메 붑네퉁

།ཐམས་ཅད་སྐུ་ལུས་ཁྱད་མེད་གསེར་གྱི་མདོག།

탐쩨 꿀뤼 켸메 쎄르기독

།དབུ་ལ་གཙུག་ཏོར་ལ་སོགས་མཚན་དཔེས་བརྒྱན།

울라 쭉또르 라쏙 첸뻬곈

།མངོན་ཤེས་ལྔ་དང་སྤྱན་ལྔ་ཀུན་ལ་མངའ།

왼셰 아당 쩬아 꾼라아

།ཡོན་ཏན་དཔག་མེད་ཞིང་དེར་སྐྱེ་བར་ཤོག།

욘뗀 빡메 싱데르 꼐와르쇽

།རང་བྱུང་རིན་ཆེན་སྣ་ཚོགས་གཞལ་ཡས་ཁང་།

랑중 린첸 나촉 셸예캉

그곳에선 이름조차 듣지 못하나니,

극락의 그 정토에 왕생하게 하소서.

[97]

태에서 태어남 없이

모두가 연꽃에 화생化生으로 태어나며

다 같이 황금색의 몸빛에

정수리의 육계 등의 상호로 장엄되고

오신통과 오안五眼을 모두 갖추고 있는

무한 공덕의

그 정토에 왕생하게 하소서.

D6. 의지하는 곳인 무량궁의 해설

[98]

갖가지 보배로 가득한 무량궁에는

།ཅི་འདོད་ལོངས་སྤྱོད་ཡིད་ལ་དྲན་པས་འབྱུང་།
찌되 롱쬐 일라 덴빼중

།རྩོལ་སྒྲུབ་མི་དགོས་དགོསའདོད་ལྷུན་གྱིས་གྲུབ།
쫄둡 미괴 괴되 훈기둡

།ང་ཁྱོད་མེད་ཅིང་བདག་ཏུ་འཛིན་པ་མེད།
아쾨 메찡 닥뚜 진빠메

།གང་འདོད་མཆོད་སྤྲིན་ལག་པའི་མཐིལ་ནས་འབྱུང་།
강되 최띤 락빼 틸네중

།ཐམས་ཅད་བླ་མེད་ཐེག་ཆེན་ཆོས་ལ་སྤྱོད།
탐쩨 라메 텍첸 쵤라쬐

།བདེ་སྐྱིད་ཀུན་འབྱུང་ཞིང་དེར་སྐྱེ་བར་ཤོག།
데끼 뀐중 싱데르 꼐와르쑉

།དྲི་ཞིམ་རླུང་གིས་མེ་ཏོག་ཆར་ཆེན་འབེབས།
디심 룽기 메똑 차르첸벱

།ཤིང་དང་ཆུ་ཀླུང་པདྨོ་ཐམས་ཅད་ལས།
싱당 출룽 빼모 탐쩰레

།ཡིད་དུ་འོང་བའི་གཟུགས་སྒྲ་དྲི་རོ་རེག།
이두 옹외 숙다 디로렉

원하는 대로 무엇이든 생겨나
애씀 없이
원하는 것이 자연히 충족되며

자타의 분별이나 아집我執이 없고
무엇을 원하든 손바닥에서 생겨나며,
모두가 위없는 대승법을 향수하는
모든 안락을 갖춘
그 정토에 왕생하게 하소서.

[99]
향기로운 바람에 꽃비가 내리고
나무와 계곡과 연꽃에서
환희로운 색 · 성 · 향 · 미 · 촉의

།ལོངས་སྤྱོད་མཆོད་པའི་སྤྲིན་ཕུང་རྟག་ཏུ་འབྱུང་།
롱쬐 최빼 띤풍 딱뚜중

།བུད་མེད་མེད་ཀྱང་སྤྲུལ་པའི་ལྷ་མོའི་ཚོགས།
뷔메 메꺙 뚤빼 하뫼촉

།མཆོད་པའི་ལྷ་མོ་དུ་མས་རྟག་ཏུ་མཆོད།
최빼 하모 두메 딱뚜최

།འདུག་པར་འདོད་ཚེ་རིན་ཆེན་གཞལ་ཡས་ཁང་།
둑빠르 되체 린첸 셸예캉

།ཉལ་བར་འདོད་ཚེ་རིན་ཆེན་ཁྲི་བཟང་སྟེང་།
녤와르 되체 린첸 티상뗑

།དར་ཟབ་དུ་མའི་མལ་སྟན་སྔས་དང་བཅས།
다르삽 두메 멜뗀 에당쩨

།བྱ་དང་ལྗོན་ཤིང་ཆུ་ཀླུང་རོལ་མོ་སོགས།
자당 죈싱 출룽 롤모쏙

།ཐོས་པར་འདོད་ན་སྙན་པའི་ཆོས་སྒྲ་སྒྲོགས།
퇴빠르 되나 녠빼 최다독

།མི་འདོད་ཚེ་ན་རྣ་བར་སྒྲ་མི་གྲགས།
미되 체나 나와르 다미닥

།བདུད་རྩིའི་རྫིང་བུ་ཆུ་ཀླུང་དེ་རྣམས་ཀྱང་།
뒤찌 징부 출룽 데남꺙

།དྲོ་གྲང་གང་འདོད་དེ་ལ་དེ་ལྟར་འབྱུང་།
도당 강되 델라 데따르중

공양 구름이 항시 생겨나고

[100]
화현한 천녀들이 끊임없이
공양을 올리며,
앉고자 하면 보배의 무량궁이요
눕고자 하면 보배의 침상에
비단 이불과 베개가 생겨나고

새와 나무, 계곡, 악기 등에서
원할 때마다 아름다운 법음法音을 내며
원하지 않으면 들리지 않고
감로의 연못과 계곡들도
원하는 대로 온도가 맞춰지나니,

།ཡིད་བཞིན་འགྲུབ་པའི་ཞིང་དེར་སྐྱེ་བར་ཤོག།

이신 둡빼 싱데르 꼐와르쑉

།ཞིང་དེར་རྫོགས་པའི་སངས་རྒྱས་འོད་དཔག་མེད།

싱데르 족빼 쌍계 외빡메

།བསྐལ་པ་གྲངས་མེད་མྱ་ངན་མི་འདའ་བཞུགས།

껠빠 당메 냐엔 민다슉

།དེ་སྲིད་དེ་ཡི་ཞབས་འབྲིང་བྱེད་པར་ཤོག།

데씨 데이 샵딩 제빠르쑉

།ནམ་ཞིག་འོད་དཔག་མེད་དེ་ཞི་བར་གཤེགས།

남식 외빡 메데 시와르셱

།བསྐལ་པ་གངྒཱའི་ཀླུང་གི་བྱེ་མ་སྙེད།

껠빠 강게 룽기 제마녜

뜻대로 모두 이뤄지는

그 정토에 왕생하게 하소서.

D7. 주요한 공덕에 마음 쓰는 서원

[101]

그곳에 정등각이신

무량광 아미타 부처님께서

반열반에 들지 않으시고

머물러 계시옵는 한량없는 겁 동안

제가 항상 섬기고 헌신하게 하소서.

무량광 아미타 부처님께서

반열반에 드시오면

갠지스강 모래알의 두 배가 되는

།གཉིས་ཀྱི་བར་དུ་བསྟན་པ་གནས་པའི་ཚེ།

니끼 바르두 뗀빠 네빼체

།རྒྱལ་ཚབ་སྤྱན་རས་གཟིགས་དང་མི་འབྲལ་ཞིང་།

갈찹 쩬레 식당 미델싱

།དེ་ཡི་ཡུན་ལ་དམ་ཆོས་འཛིན་པར་ཤོག

데이 윤라 담최 진빠르쇽

།སྟོད་ལ་དམ་ཆོས་ནུབ་པའི་ཐོ་རངས་ལ།

쬘라 담최 눕빼 토랑라

།སྤྱན་རས་གཟིགས་དེ་མངོན་པར་སངས་རྒྱས་ནས།

쩬레 식데 왼빠르 쌍계네

།སངས་རྒྱས་འོད་ཟེར་ཀུན་ནས་འཕགས་པ་ཡི།

쌍계 이세르 뀐네 팍빠이

།དཔལ་བརྩེགས་རྒྱལ་པོ་ཞེས་བྱར་གྱུར་པའི་ཚེ།

뻴쩩 갈뽀 셰자르 규르빼체

겁의 기간 동안

불법佛法이 머문다 하셨나니,

저는 보처존이신

관세음보살님을 여의지 않고 그동안

정법正法을 호지할 수 있게 하소서.

[102]

초야에 성스러운 법이 소멸하고

다음날 새벽에 관세음보살께서

현등각現等覺=成佛하시어

'수승한 광명의 공덕을 쌓은 왕'[光明普至尊積

德王]이라는 명호의

부처님이 되셨을 때

།ཞལ་ལྷ་མཆོད་ཅིང་དམ་ཆོས་ཉན་པར་ཤོག།

셸따 최찡 담최 넨빠르쏙

།སྐུ་ཚེ་བསྐལ་པ་བྱེ་བ་ཁྲག་ཁྲིག་ནི།

꾸체 껠빠 제와 탁틱니

།འབུམ་ཕྲག་དགུ་བཅུ་རྩ་དྲུག་བཞུགས་པའི་ཚེ།

붐탁 굽쭈 짜둑 슉빼체

།རྟག་ཏུ་ཞབས་འབྲིང་བསྙེན་བཀུར་བྱེད་པ་དང་།

딱뚜 샵딩 넨꾸르 제빠당

།མི་བརྗེད་གཟུངས་ཀྱིས་དམ་ཆོས་འཛིན་པར་ཤོག

미제 숭끼 담최 진빠르쏙

།མྱ་ངན་འདས་ནས་དེ་ཡི་བསྟན་པ་ནི།

냐엔 데네 데이 뗀빠니

།བསྐལ་པ་དུང་ཕྱུར་དྲུག་དང་བྱེ་བ་ཕྲག།

껠빠 둥추르 둑당 제바탁

།འབུམ་ཕྲག་གསུམ་གནས་དེ་ཚེ་ཆོས་འཛིན་ཅིང་།

붐탁 쑴네 데체 최진찡

친견하고 공양 올리며
성스러운 가르침[聖法]을 듣게 하소서.

[103]
그 부처님의 수명은
96억만 나유타 겁을 머무신다 하시니
그동안 제가 항상 공경하고 섬기며,
'잊지 않는 다라니'에 의해
바른 법을 호지하게 하소서.

[104]
그 부처님께서 반열반에 드신 이후
그 가르침은 6억 3천 30만 겁에 걸쳐
존속한다고 하시니,
그동안 저도 바른 법 일체를 호지하며

།མཐུ་ཆེན་ཐོབ་དང་རྟག་ཏུ་མི་འབྲལ་ཤོག།

투첸 톱당 닥뚜 미델쇽

།དེ་ནས་མཐུ་ཆེན་འཐོབ་དེ་སངས་རྒྱས་ནས།

데네 투첸 톱데 쌍계네

།དེ་བཞིན་གཤེགས་པ་རབ་ཏུ་བརྟན་པ་ནི།

데신 셱빠 랍뚜 뗀빠니

།ཡོན་ཏན་ནོར་བུ་བརྩེགས་པའི་རྒྱལ་པོར་གྱུར།

왼뗀 노ㄹ부 쩩빼 걀뽀ㄹ규ㄹ

།སྐུ་ཚེ་བསྟན་པ་སྤྱན་རས་གཟིགས་དང་མཉམ།

꾸체 뗀빠 쩬레 식당냠

།སངས་རྒྱས་དེ་ཡི་རྟག་ཏུ་ཞབས་འབྲིང་བྱེད།

쌍계 데이 딱뚜 샵딩제

།མཆོད་པས་མཆོད་ཅིང་དམ་ཆོས་ཀུན་འཛིན་ཤོག།

최빼 최찡 담최 뀐진쇽

།དེ་ནས་བདག་གི་ཚེ་དེ་བརྗེས་མ་ཐག།

데네 닥기 체데 제마탁

대세지보살님을 여의지 않게 하소서.

[105]
이후 대세지보살님께서 성불하시어
'견고한 공덕의 보배를 쌓은 왕'[善住妙寶山王]
이라는 명호의 부처님이 되시어,
수명과 불법이
관세음보살님과 같으시다 하시니,

그동안 제가 항상 공경하고 섬기며
공양을 올리고,
성스러운 가르침을 호지하게 하소서.

[106]
그 이후 저 자신이

།ཞིང་ཁམས་དེ་འམ་དག་པའི་ཞིང་གཞན་དུ།

싱캄 데암 닥빼 싱셴두

།བླ་མེད་རྫོགས་པའི་སངས་རྒྱས་ཐོབ་པར་ཤོག།།

라메 족빼 쌍계 톱빠르쇽

།རྫོགས་སངས་རྒྱས་ནས་ཚེ་དཔག་མེད་པ་ལྟར།

족쌍 계네 체빡 메빠따르

།མཚན་ཐོས་ཙམ་གྱིས་འགྲོ་ཀུན་སྨིན་ཆེང་གྲོལ།

첸퇴 짬기 도뀐 민찡돌

།སྤྲུལ་པ་གྲངས་མེད་འགྲོ་བ་འདྲེན་པ་སོགས།

뛸빠 당메 도와 덴빠쏙

깨달음을 이룰 때,
그 국토가 예토에서 정토로
장엄 되자마자 저 정토에서
혹은 다른 정토에 왕생하여
위없는 완전한 보리를 이루게 하소서.

[107]
정각을 이루게 되면,
무량수 아미타 부처님처럼
명호만 들어도 유정들이
성숙과 해탈을 얻게 되고,

무수한 화신으로 중생을 인도하는 등
애씀 없이

།འབད་མེད་ལྷུན་གྲུབ་འགྲོ་དོན་དཔག་མེད་ཤོག།།

베메 훈둡 도된 빡메쑉

།དེ་བཞིན་གཤེགས་པའི་ཚེ་དང་བསོད་ནམས་དང་།

데신 셱빼 체당 쏘남당

།ཡོན་ཏན་ཡེ་ཤེས་གཟི་བརྗིད་ཚད་མེད་པ།

욘뗀 예셰 시지 체메빠

།ཆོས་སྐུ་སྣང་བ་མཐའ་ཡས་འོད་དཔག་མེད།

최꾸 낭와 타예 외빡메

།ཚེ་དང་ཡེ་ཤེས་དཔག་མེད་བཅོམ་ལྡན་འདས།

체당 예셰 빡메 쫌덴데

།གང་ཞིག་ཁྱེད་ཀྱི་མཚན་ནི་སུས་འཛིན་པ།

강식 켸끼 쳰니 쉬진빠

།སྔོན་གྱི་ལས་ཀྱི་རྣམ་སྨིན་མ་གཏོགས་པ།

왼기 레끼 남민 마똑빠

།མེ་ཆུ་དུག་མཚོན་གནོད་སྦྱིན་སྲིན་པོ་སོགས།

메추 둑촌 뇌진 씬뽀쏙

무한한 이타를 이루게 하소서.

A2. 명호를 護持하는 加持가 금생에 일어나는 기원

[108]
여래의 수명과 복덕, 공덕과 지혜,
위광威光이 무한하신 님,
법신이신 무량광 아미타 부처님,
수명과 지혜 광명이
헤아릴 수 없으신 세존이시여,

「누구라도 당신의 명호를
호지하는 이는,
과거의 업보[異宿果] 이외에
불이나 물, 독이나 무기,

།འཇིགས་པ་ཀུན་ལས་སྐྱོབ་པར་ཐུབ་པས་གསུངས།
직빠 꾼레 꼽빠ㄹ 툽빼쑹

།བདག་ནི་ཁྱེད་ཀྱི་མཚན་འཛིན་ཕྱག་འཚལ་བས།
닥니 켸끼 첸진 착챌외

།འཇིགས་དང་སྡུག་བསྔལ་ཀུན་ལས་བསྐྱབ་མཛད་གསོལ།
직당 둑엘 뀐레 꺕제쏠

།བཀྲ་ཤིས་ཕུན་སུམ་ཚོགས་པར་བྱིན་གྱིས་རློབས།
따시 푼쑴 촉빠ㄹ 진길롭

།སངས་རྒྱས་སྐུ་གསུམ་བརྙེས་པའི་བྱིན་རླབས་དང་།
쌍계 꾸쑴 녜빼 진랍당

།ཆོས་ཉིད་མི་འགྱུར་བདེན་པའི་བྱིན་རླབས་དང་།
최니 미규ㄹ 덴빼 진랍당

།དགེ་འདུན་མི་ཕྱེད་འདུན་པའི་བྱིན་རླབས་ཀྱིས།
겐뒨 미체 뒨빼 진랍끼

야차나 나찰 등의 모든 위험에서
보호된다」고 하셨나니,

[109]
제가 그 명호를 지니고
예경함으로써
모든 위험과 고통에서 보호받게 하시고
길상 원만하도록 가피하여 주소서.

A3. 서원 성취에 더하는 진실어 · 다라니 · 진언을 함께 외운다 B1. 진실어를 외운다

[110]
부처님이 삼신을 얻으신
평등한 가지加持와
법성의 변함없는 진실의 가지와
화합된 승가의 희망의 가지에 의해

།དེ་ལྟར་སྨོན་ལམ་བཏབ་བཞིན་འགྲུབ་པར་ཤོག།

지따르 묀람 땁신 둡빠르쑉

།དཀོན་མཆོག་གསུམ་ལ་ཕྱག་འཚལ་ལོ།

꾄촉 쑴라 착챌로

།ཏདྱཐཱ། །པཉྩནྡྲི་ཡ་ཨཱ་ཝ་བོ་དྷ་ན་ཡེ་སྭཱ་ཧཱ།

따드야타 빤짠드리야 아와 보다나예 쓰와하.

།སྨོན་ལམ་འགྲུབ་པའི་གཟུངས་སོ།

묀람 둡빼 숭쏘

།དཀོན་མཆོག་གསུམ་ལ་ཕྱག་འཚལ་ལོ།

"꾄촉 쑴라 착챌로

།ན་མོ་མཉྫུ་ཤྲཱི་ཡེ།

나모 만주시리예

ན་མོ་སུ་ཤྲཱི་ཡེ།

나모 쑤시리예

ན་མོ་ཨུཏྟ་མ་ཤྲཱི་ཡེ་སྭཱ་ཧཱ།།

나모 웃따마 시리예 쓰와하."

서원한 그대로 이루어지게 하소서.

B2. 진언 · 다라니 C1. 서원 성취의 다라니

[111]
"삼보님께 예경드리나이다. 즉 다섯 가지 존재의 다발인 오온을 깨치게 하소서, 쓰와하."

C2. 예배배증진언 - 진언에 의한 가지

[112]
서원을 성취하는 다라니

"삼보님께 예경하나이다.
문수사리께 예경하나이다.
훌륭한 길상에 예경하나이다.
위없는 길상에 예경하나이다, 쓰와하."

이렇게 말하고 절을 세 번 하면
십만 번 절한 것과 같다고 하셨습니다.
백 번 또는 할 수 있는 만큼 절을 하고,
최소한 일곱 번 절을 합니다.

이 발원문을 매일 독송하거나
그보다 못하면 매달 또는 매년,
그렇지 않으면 최소한 시간이 날 때마다

극락정토를 떠올리며 무량광 아미타 부처님께 합장하고
일념의 신심으로 독송하면
현생의 장애가 소멸하고 이생에서 몸과 목숨이 다한 뒤
틀림없이 극락정토에 태어날 것입니다.

이 극락정토 발원문은
『무량수경』, 『정토경』, 『법화경』,
「불멸의 북소리」 등에 근거한 것입니다.
비구 '라가 아샤'께서 지으신 이 발원문에 의해
많은 유정들이 극락정토에 왕생하여지이다.

무량수여래 근본다라니

唐 三藏 不空 譯音

나모禮敬 라뜨나-뜨라야야三寶, 나망禮敬 아르야-아미따바야聖阿彌陀 따타가따야如來 아르하떼應供 쌈약쌈붓다야正遍知覺. 따드야타卽說呪曰 : 옴唵, 아므리떼甘露 아므리또甘露 드바붸發生, 아므리따甘露 쌈바붸正發生, 아므리따甘露 가르베藏, 아므리따甘露 싯데成就, 아므리따甘露 떼제威光, 아므리따甘露 뷔끄람떼奮迅, 아므리따甘露 뷔끄람따奮迅 가미네騰躍, 아므리따甘露 가가나虛空 끼르띠까레好名聞, 아므리따甘露 둔두비-쓰봐레天鼓音聲, 싸르봐르타一切義 싸다네成就, 싸르봐-까르마一切業 끌레샤煩惱 끄사얌까레滅盡, 쓰와하圓滿成就. 옴唵 아므리따甘露 떼제威光 하라作願 훔吽.

발 일체업장근본
득생정토 다라니

宋 天竺三藏 求那跋陀羅 譯音

나모敬禮 아미따바야阿彌陀 따타가따야如來. 따드야타卽說呪曰 : 아므리또甘露 드바붸發生, 아므리따甘露 싯담바붸生起成就, 아므리따甘露 뷔끄란떼奮迅, 아므리따甘露 뷔끄란따奮迅 가미네騰躍 가가나虛空 끼르따까레名稱 쓰와하成就.

비로자나불
대관정 광명진언

唐 三藏 不空 譯音

옴唵 **아모가**不空 **봐이로짜나**遍照 **마하무드라**大法印 **마니**寶珠 **빠드마**蓮華 **즈봘라**光明 **쁘라봐릇따야**運轉 **훔**吽.

무량수경우바제사원생계
無量壽經優波提舍願生偈

婆藪槃豆(世親) 菩薩 지음

元魏 天竺 三藏 菩提流支 漢譯

세존이시여, 저는 일심으로
온 시방(十方)에 걸림 없는 빛이신
부처님[無礙光如來]께 귀명하며 원하옵나니
제가 안락국(安樂國)에 태어나게 하소서.

世尊我一心，歸命盡十方，無碍光如來，願生安樂國。

제가 수다라(修多羅)의
진실한 공덕상에 의지하여

사뢰오며 발원하는 게(願偈)와 총지(總持)가
부처님 가르침에 상응하게 하소서.

我依修多羅, 眞實功德相, 說願偈摠持, 與佛敎相應。

저 [극락] 세계의 모습을 관해 보면
삼계도(三界道)보다 훨씬 뛰어나며
궁극적으로 허공과 같아서
광대하고 끝이 없나이다.

觀彼世界相, 勝過三界道, 究竟如虛空, 廣大無邊際。

바른 길과 대자비와
출세간의 선근이 생겨나고
깨끗한 광명이 원만 구족함은
마치 거울에 해와 달의 비침 같나이다.

正道大慈悲, 出世善根生, 淨光明滿足, 如鏡日月輪。

온갖 진귀한 보배의 성품을 갖추고
미묘한 장엄을 구족하였으며
티끌 없는 빛이 눈부시게 빛나
밝고 깨끗하게 세간을 비추며

備諸珍寶性，具足妙莊嚴，無垢光焰熾，明淨曜世間。

보배 성품의 공덕을 갖춘 풀이
부드럽게 좌우로 산들거려
닿으면 무한한 기쁨이 생겨나니
가전린타(迦旃隣陀)보다 뛰어나나이다.

寶性功德草，柔軟左右旋，觸者生勝樂，過迦旃鄰陁。

천만 가지 보배 꽃이
연못과 흐르는 샘을 가득 덮었고
부드러운 바람이 꽃잎을 흔들면
서로 엇갈리며 어지러이 반짝이나이다.

寶華千萬種，彌覆池流泉，微風動華葉，交錯光亂轉。

궁전과 모든 누각은
시방을 걸림 없이 바라볼 수 있고
온갖 나무들의 서로 다른 빛과 색이
보배의 난간을 두루 둘러싸고 있나이다.

宮殿諸樓閣，觀十方無礙，雜樹異光色，寶欄遍圍繞。

무량한 보배는 서로 맞닿았고
나망(羅網)은 허공에 두루하였으며
갖가지 방울이 서로 부딪치면
널리 미묘한 법의 소리를 토해내나이다.

無量寶交絡，羅網遍虛空，種種鈴發響，宣吐妙法音。

화려한 옷이 비 내리듯 장엄하며
한량없는 향기가 두루 풍기고
부처님의 맑고 깨끗한 태양 같은 지혜의 빛이
세간의 어리석은 어둠을 없애주나이다.

雨華衣莊嚴，無量香普熏，佛慧明淨日，除世癡闇冥。

범천 같은 목소리와 말은 깊고 그윽하며
미묘하여 시방에 들리옵나니,
바른 깨달음 이루신 아미타께오서
법왕으로서 잘 주지(住持)하시나이다.

梵聲語深遠，微妙聞十方，正覺阿彌陁，法王善住持。

여래의 깨끗하고 빛나는 대중들은
정각(正覺)의 꽃으로 화현하여 생겨나서
부처님 법의 맛을 사랑하고 즐기고
선삼매(禪三昧)를 음식으로 삼으며

如來淨華衆，正覺華化生，愛樂佛法味，禪三昧爲食。

몸과 마음의 번뇌를 영원히 여의어서
즐거움 누리는 것이 항상하여 끊임이 없고
대승의 선근계(善根界)는
평등하여 명성을 혐오하는 자가 없으며

永離身心惱，受樂常無間，大乘善根界，等無譏嫌名。

여인이나 신체가 불구인 자
두가지극단에치우친종성[二乘種]으로 태어나지 않으며,
중생이 원하고 즐기는 바를
모두 능히 만족하나이다.

女人及根缺，二乘種不生，衆生所願樂，一切能滿足。

그러므로 저는 아미타불 국토에
태어나기를 원하오니,
무량한 광명이신 큰 보배왕께서
미묘하고 깨끗한 연화대 위에 계시나이다.

故我願往生，阿彌陁佛國，無量大寶王，微妙淨花臺。

상호의 빛은 1심(尋)이나 빛나고
색상은 뭇 중생을 뛰어넘으며
여래의 미묘한 목소리는
범천을 울려 시방에서 들리나이다.

相好光一尋，色像超群生，如來微妙聲，梵響聞十方。

땅 · 물 · 불 · 바람과
허공과 똑같아 분별이 없으시고,
동요가 없는 천 · 인(天人)의 무리는
청정한 지혜의 바다에서 태어나나이다.

同地水火風, 虛空無分別, 天人不動衆, 淸淨智海生。

수미산왕과 같이
뛰어나고 미묘하고 허물이 없는
천 · 인 장부의 무리들이
공경히 둘러싸며 우러르나이다.

如須彌山王, 勝妙無過者, 天人丈夫衆, 恭敬繞瞻仰。

부처님의 본원력을 관찰하며
헛되이 지나치지 않는 이는
능히 공덕의 큰 보배 바다에서
속히 만족을 얻게 하시나이다.

觀佛本願力, 遇無空過者, 能令速滿足, 功德大寶海。

안락국은 청정하여
항상 티끌 없는 바퀴가 구르는 것 같나니
화현하신 불 · 보살은
태양이 수미산에 주지(住持)하는 것과 같나이다.

安樂國淸淨，常轉無垢輪，化佛菩薩日，如須彌住持。

티끌 없는 장엄한 빛은
한 생각과 한때에
모든 부처님의 모임을 두루 비추어
모든 중생들을 이롭게 하나이다.

無垢莊嚴光，一念及一時，普照諸佛會，利益諸群生。

하늘의 음악과 아름다운 꽃의 옷가지를 비 내리고
미묘한 향 등의 공양을 올리며
부처님의 온갖 공덕을 찬탄하지만
분별하는 마음이 없나이다.

雨天樂花衣，妙香等供養，讚佛諸功德，無有分別心。

어떤 세계엔들
부처님 법 공덕의 보배가 없으리오마는
저는 모두 원하옵나니 왕생하여
부처님 법 현시하는 것이 부처님과 같게 하소서.

何等世界無，佛法功德寶，我皆願往生，示佛法如佛。

제가 논을 짓고 게송을 말씀하온 인연으로
원하옵나니, 아미타 부처님을 친견하옵고
두루 모든 중생이 함께
안락국에 왕생하여지이다.

我作論說偈，願見彌陁佛，普共諸衆生，往生安樂國。

『무량수경』의 말씀[章句]을 게송으로 설하는 것을 모두 마친다.

無量壽修多羅章句，我以偈揔說竟。

역자 후기

지금 이 순간이 아니면 결코 정토에 갈 수 없다

라가 아샤(까르마 착메 Karma Chags med, 1613-1678)가 『아미타경』·『무량수경』·『법화경』·『불멸의 북소리』 등을 근거로 지은 『극락정토발원문極樂誓願』은 티베트불교 자원센터Tibetan Buddhist Resource Center에도 수록되어 있는데(TBRC- W22933, 3권 83쪽) 지금까지 티베트에서 가장 많이 독송되고 있는 극락정토 발원문입니다.

「극락」을 티베트어로는 데와쩬(bde ba can)이라 하고, 이 말에 해당하는 범어는 「쑤카와띠」, 「쑤카마띠」, 「수다마띠」라는 말이 경전에 쓰고 있습니다.

「수카와띠」(sukhāvatī)는 속어 「수하마띠」(suhāmatī)에서 온 말로 극락極樂, 락유樂有, 안락安樂, 안양국安養國, 안락세계安樂世界, 극락세계極樂世界(『梵和大辭典』p.1475)로 번역하고 있고, 수카마띠(sukhāmatī)는 락무량樂無量, 극락極樂으로 번역되고 있습니다.

또 「극락」의 유사어로 쓰이는 수다마띠(sudhāmatī)라는 말은 유감로有甘露, 안양安養(sudhāmaya 감로를 머금고 있다. 『梵和大辭典』p. 1480)이라 번역하는데, '감로가 있다[有甘露]' 고 하는 감로甘露는 아므리따amṛta의 번역이고 '죽을 수 없는 것, 불사不死, 불멸자不滅者의 세계, 신주神酒, 약藥, 제호醍醐로도 번역되는 말입니다.

이처럼 「극락」, 「안락」, 「안양」, 「유감로」 등으로 번역되는 이 말들은 온갖 번뇌와 고苦가 완전히 소멸된 상태를 가리키는 의미에서는 「열반」(nirvaṇa)의 다른 이름이고, 열반이 성취된 경계와 상태를 말할 때는 「정토淨土」(kṣetra viśuddhi)라고 한 것으로 볼 수 있습니다.

범어 「끄셰뜨라 위숫디」(kṣetra viśuddhi)는 청정한 국토, 또는 부처님의 찰토라는 뜻을 가지고 있는 말인데, 한역으로는 정토淨土, 정찰淨刹, 불토佛土, 불찰佛刹, 불국佛國, 불계佛界 등으로 번역하고 있습니다.

경전에서「정토淨土」는 모든 부처님이 인위因位의 수행자일 때, 스스로 성불의 가능성을 믿고 청정한 불국토의 성취와 중생을 구제하려는 서원을 일으켜 헤아릴 수 없는 영겁 동안 공을 쌓고 덕을 쌓아서 건립한 청정하고 장엄한 세계를 가리키는 말로 쓰입니다.

초기불교경전에서 사용하는「열반」이라는 말은 모든 근본 번뇌의 불길이 모두 꺼져 고요한 경계, 생사를 반복하는 윤회의 속박이 끊어져 오직 지극히 평화롭고 안온한 상태를 가리키는 것인데, 대품 반야경의 주석인『대지도론』에서 "청정한 불국토는 삼계를 벗어난 곳이며 내지 번뇌라는 이름도 없다."(권3)라고 하는 것을 보면 대승경전에서 설하는「청정한 불국토」로서의「정토淨土」는 곧「열반」의 다른 이름이라는 것을 알 수 있습니다.

이러한 것은 초기경전인『숫타니파타』에서 '갈애의 소멸 · 욕망의 소멸 · 집착의 소멸'을「열반」이라 한 것이 점차로 청정淸淨 · 불사不死 · 적정寂靜 · 불멸不滅' 또는 '허망하지 않은 진리'라는 말로 표현되었던 것을 확인할 수 있습니다.

또한『증일아함경』(대정장2, 592b12)에서는 "'열반이란 가장 뛰어난 쾌락이다.(涅槃者最是快樂)"라고 설하고 있는데, 이것이 대승의『대반열반경』(대정장12, 385a23)에서, "선남자여, 위대한 완전한 열반[大般涅槃]에도 여덟 가지 맛이 구족하여 있으니, 첫째는 항상한 것[常], 둘째는 변치 않는 것[恒], 셋째는 편안한 것[安], 넷째는 서늘한 것[淸凉], 다섯째는 늙지 않는 것[不老], 여섯째는 죽지 않는 것[不死], 일곱째는 때가 없는 것[無垢], 여덟째는 쾌락한 것[快樂]이다. 이것이 여덟 가지 맛이니, 여덟 가지 맛을 구족하였으므로 대반열반이라 한다."라고 설하는 것으로 이어지고 있습니다.「열반팔미」涅槃八味라고 하는 이것을 상 · 락 · 아 · 정(常樂我淨)이라는「열반사덕」涅槃四德에 배대하면 상常 · 항恒은「상常」, 안安 · 쾌락快樂은「락樂」, 불로不老 · 불사不死는「아我」, 청량淸凉 · 무구無垢는「정淨」에 각각 대응합니다.

여기에서 우리는「열반」이 항상한 것, 편안한 것, 죽지 않는 것, 쾌락한 것 등을 가리키는 것이므로,「극락」·「정토」·「불국정토」라는 말이「열반」의 다른 표현이라는 것을 다시 확인할 수 있습니다.

이와 같이「극락정토」가 타방세계他方世界나 다음 생[來生]에 가는 국토만을 가리키는 것이 아니라, 우리가「지금 바로 여기」[現生]에서 윤회의 고를 처절하게 자각하고, 일체의 고가 지멸된 지극한 행복과 안온의 상태를 가리키는 것으로도 본다면,「극락 왕생」을 발원하는 것은「열반의 성취」를 염원하는 것과 같은 것이라 할 것입니다.

그리고 대승경전에서 정토의 장엄을 설하는 것은, 단순히 하늘나라 도리천 환희원의 즐거움이나 아름다움과 같은 것을 말하는 것이 아니라, 중생들은 단 한 번도 보거나 경험해 보지 못한, 일체의 고가 지멸된 궁극적인 열반 적정의 경계, 말할 수도 없고 생각할 수도 없는 그 해탈 · 열반의 경계를 굳이 범부 중생들이 이해할 수 있는 표현으로 묘사한 것이라 봅니다.

고에 대한 철저한 자각이 있어야 고를 지멸하고자 하는 결연한 발심이 일어나듯이, 윤회하는 생존의 고에 대한 처절한 자각이 있어야 아무런 괴로움도 없고 오직 장엄하고 지극히 안락한 극락정토에 왕생하기를 간절히 희구하는 마음이 생겨나는 것입니다.

『초전법륜경』에서 우리의 궁극적인 목표인 열반의 성취(갈애의 소멸), 즉 괴로움의 소멸에 이르는 성스러운 길이 바로 여덟 가지 바른 길[八正道]이라고 하셨듯이,「지금 바로 여기」에서 어떠한 괴로움도 없이 지극히 기쁘고 평온하고 안락한 상태인 극락정토의 삶을 성취하기 위해 예경하고 공양하고 참회하고 기뻐하고 법을 청하고 스승과 함께 하기를 원하고 공덕을 회향하는 삶의 방식을 노래한 것이 이「극락정토 발원문」입니다.

특히 이『극락정토 발원문』은 철저하게 정토경전에 근거하면서 교리체계에 맞게 구성되어 있는 것에서 다른 정토발원문과는 차별된다고 할 수 있습니다.

2006년 성지 네팔 보드나트 대탑 탑돌이[꼬라]를 하는데, 한쪽에서 티베트 스님이 장중한 범패로 독송하시는「극락정토 발원문」을 들으며 형언할 수 없는 경이로운 외경심으로 사리탑에 예경 올렸던 기억이 새롭습니다.

이후 인도 다람살라 규뙤밀교대학(상밀원)에서 수학하는 중에 까르마파 존자님의 권유로『까규묀람독송집』을 번역하면서 이『극락정토 발원문』을 봉독해왔습니다. 이번에 나까자와 미츠루(中澤 中)가 소개한 소남추둡의『극락정토발원 주』를 참고하며 다시 번역한 것과, 대승의 위대한 스승이신 바수반두 세친보살이『대무량수경』을 토대로 일심 원생의 사상을 예배문禮拜門, 찬탄문讚歎門, 작원문作願門, 관찰문觀察門, 회향문迴向門이라는「5념문五念門」으로 서술하고 있는『무량수경우바제사원생게』의 본송을 함께 실어 법연 있는 보리심 정토행자들께 공양 올리며 발원합니다.

헤아릴 수 없는 안락의 극락세계라는 정토에
저희 보리심 정토행자들이
이곳에서 생을 마치는 즉시 다른 생을 받지 않고서
그곳에 태어나서 무량광 아미타 부처님을 뵙게 하소서.

삼세에 제가 쌓은 모든 선근을 삼보 전에 공양 올리옵나니
부처님의 가르침이 흥성하게 하소서.

그리고 모든 선근 일체중생에게 회향하옵나니
모든 유정들이 함께 성불하게 하소서.

저 또한 일체지 이루어 언제까지나
화신을 통해 일체중생 인도하게 하소서.

불기2569('25)년 4월 길상한 날

람림의 마을 보리원 람림학당에서
보리심 정토행자 비구 고천 석혜능(텐진왼쑹) 頂禮 發願

무량한 빛과
영원한 생명의 삶을 위한

극락정토 발원문

개정증보판인쇄 불기2569(2025)년 4월 21일
개정증보판발행 불기2569(2025)년 5월 5일

지은이 라가 아샤(까르마 착메)
편 역 석혜능(텐진 욋쑹)

펴낸곳 도서출판 부다가야
울산광역시 울주군 웅촌면 은하1길 16-3
보리원 람림학당 전화. 052)227-4080
등록 2024년 7월 23일
등록번호 제 373-2024-000006호

편집디자인 대한기획
전화. 051)866-7818 · 팩스. 051)864-7075
E-mail. daehan5680@daum.net

ISBN 979-11-988735-4-5 (03220)

값 8,800원